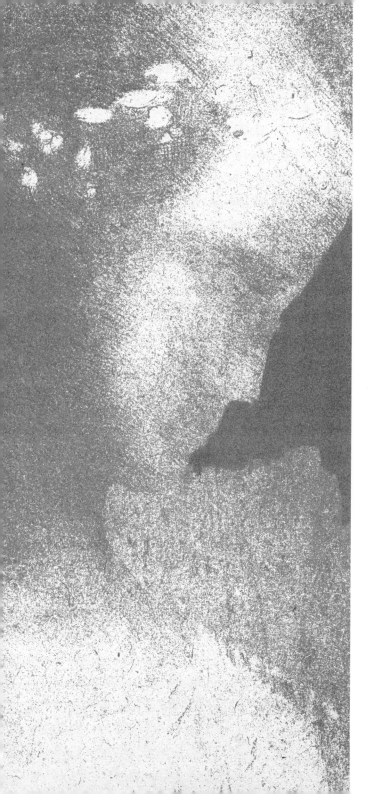

心理的暗面

摆脱有毒关系，主导自我人生

The
Dark Side
of
the Mind

董光恒

著

社会科学文献出版社
SOCIAL SCIENCES ACADEMIC PRESS (CHINA)

云南师范大学教育学一流学科建设成果

目　录

第四章　四种有毒关系

第五章　拿回人生主导权

开 篇
不要让别人利用你的善良

点亮一支蜡烛,即投下一片阴影。

开花店的姑娘

在我读研究生的时候,校门口有家鲜花店。 店主是一位优雅的年轻女士,她每天都穿着整洁得体的衣服,和她打理的干净整洁的花店一样,给人一种非常温馨的感觉。 她总是面带笑容地迎接每一位顾客,和她店里的鲜花一样让人感觉心情愉悦。 偶尔遇到一些顾客的刁难,她也能够温和地化解。

据知情人讲,她老家在很远的地方,一个人来到这个城市打拼,凭自己的努力开了这么一家鲜花店。 街上其他的花店都换了好几茬,她的花店依然开着。 从好事者口中我们得知她没有结婚,也没有男朋友,本地的熟人也不多。 后来,听说她恋爱了,对方是一个做生意的人。 据说他生意做得还不错,在好几个城市都有店面。 据说他疯狂地追求她,特别宠爱她。 她也深陷这段感情中,每当和客人谈起男朋友，她总是带着灿烂的笑容，她说两个人非常谈得来，见面总是说很久的话也不烦，看得出那欣赏是从心底而生。有同学也曾在经过这家店的时候看到一个帅气的男人在店里，据说看上去很踏实稳重。我们都为她能找到真正爱她的人而感到高兴。

再后来，他们走到了要结婚的一步。据说她未婚夫想在结婚前让她有个真正属于自己的家，为了一起付他们新房子的首付，她毫不犹豫地卖掉了自己经营多年的花店，把更多的注意力转移到看房、逛家具店想象未来新家的模样和对婚礼的筹划上。在房子快要成交的时候，她把钱转给了未婚夫。但是，自此以后，她的男朋友就像从人间消失了一样再也联系不上了。这个时候她才发现，这个男人的所有信息都是假的。

后来，她也从我们的世界里消失了。有人说她回了老家，有人说是去了另外一个城市，也有人说她抑郁自杀了。我感觉这一切可能都是正常的，因为我能体会她从对未来充满期待到坠入深渊失去一切的感受，也能想象她可能经历的心碎和精神崩溃。

这件事给我们留下了心理阴影：一个人的心要多狠，才能如此决绝地伤害一个真心爱他的姑娘。后来才知道，有些人为了骗钱，专找这类一个人在外、渴望获得安全感的女孩下手。他们竟然可以在很短时间内获得对方的好感，扮演对方需要的完美角色以获取对方的信任。他们耐心地铺下一张复杂且黑暗的网，一旦猎物上钩，他们就会毫不犹豫地收网跑路，留下人财两空、欲哭无泪的受害者。至于这些受害者的死活，他们完全不在意。他们操纵受害者的行为，让她们心甘情愿地走进圈套。

心理学的两面

　　人类的心理是这个世界上最复杂的东西之一。它的运作规律一直困惑着我们，也吸引着科学家和哲学家的关注。心理学作为专门研究人类心理和思维规律的学科发挥着重要作用。心理学家研究人的行为和思考的规律，关注人们如何获取、储存、解释和提取信息；探究人的思想和行为如何受他人、环境和社会的影响；等等。心理咨询也为人们在遇到困惑、抑郁等心理问题时提供心理疏导，帮人们驾驭情感。

　　培根说"知识就是力量"，掌握心理学的知识就在一定程度上拥有了理解自身和他人心理规律的能力，这是我们每个人渴望的超能力。因此，在当今社会，心理学日益成为大众关注的学科！心理学能够帮助人们提升自我，获取积极、健康的人生，更好地处理和解决日常生活中的问题。不但如此，心理学更是一种思考方式，一种生活态度，一种探析事物的角度。它可以帮助我们打开智慧之门，是指引我们人生的明灯。

　　当然，心理学在提升人们的幸福感方面具有重要作用，比如"积极心理学""健康心理学"，帮助人们积极面对生活，滋润人们干涸的心灵。受此影响，关于如何获得幸福人生、如何迅速掌握技能以及如何摆脱现状等的许多课程或书籍也颇受人们喜爱，心理学也借此一步步走进普通人的日常生活。

这就给人一种印象，心理学是一门积极向上、探寻幸福的学科，心理学家则是一群积极乐观、给大家带来愉悦和幸福的人，学习心理学知识可以让人获得更好、更幸福的人生。心理学的规律就像生活说明书上明晰的指示，只要遵照执行，一切都会好起来。

但是，心理学只是一门学科，它总结出的人类心理规律是中性的。心理学可以被用来完善人的选择，帮助人们获得幸福人生，也可以被利用去做恶事，达到不可告人的目的。每个人的心灵深处都存在着"黑暗"的、不理性的部分，这是造成人与人的冲突、诈骗、暴力犯罪等行为，宏观来看也是国家和种族之间仇恨、杀戮和战争的成因，人类的负面心理是人类社会的重要组成部分，这是不可否认的现实。

具体到我们每个人，我们可能会陷入悲伤、抑郁，也可能会通过损害他人获取利益，利己的思想是人的本能。利他和合作也许是人类进步的关键品质，但利己是人类这个物种得以延续的重要保证，而利他有时候会展现人自私而邪恶的一面。

具体到心理学上，有些人会有意或无意地利用人的心理规律做邪恶的事情，为满足自己的欲望不惜牺牲他人的利益。这部分人熟悉心理规律，洞悉心理弱点，也勇于运用自己的知识，在操纵他人的过程中得到乐趣和刺激，并大肆侵占他人的利益。

点亮一支蜡烛，即投下一片阴影。心理学揭开了关于人的思维的许多秘密，也使人的利己欲望有了支撑。以利己之名损害他人的行为种类繁多，形式多样，它们之间难以找到一个术语来概括和形容，我将其统称为"心理的暗面"，也即是说，心理学不仅仅有光明的一面。

探究心理学的两面，目的是了解心理学如何给我们带来积极作用，并在此基础上揭露那些利用心理规律蓄意伤害他人、获取个人利益的行为，揭示某些不良用心的人如何利用心理规律剥削、利用、伤害他人，更重要的是，增加人们对心理规律被滥用的知识，提高防范意识，及时觉察或发现我们的心理规律被利用的痕迹，进而及早提高警惕，规避相应的风险。

上面提到的花店女孩的例子并不是特例，现实中存在着许多让人感到不可思议又后怕的案例。比如，充满操纵、控制、冷暴力的亲密关系，在这些案例中，受害者往往心甘情愿留在这些关系中，他们似乎被施加了某种魔咒，自愿成为他人的傀儡；有些人面对明显的陷阱，一次又一次地做出错误的选择；还有些人坚信虚无缥缈的东西，并为之倾家荡产。其中充满人性的幽微，又因为隐秘的心理机制不为人所知而更让人困惑和恐惧。

我们能做什么？

我们不能改变别人的行为，但可以改变自己的认知，提升辨别他人不良意图的能力。

本书的目的就是向大家揭示人的心理规律如何被人用来实施操纵、欺骗、洗脑、PUA。当我查阅相关的研究和文献，阅读与犯罪相关的报道，我发现此类案例有一些共性，理解其中的心理作用机理或许能帮我们及时发现端倪并及时止损。

我尝试描述使人们陷入危机的心理规律，分析善于运用心理规律的嫌疑人具备的特征，区分他们利用心理规律的方式和主要类型，并给出抵抗有毒关系的建议，以使更多人提高警惕，防患于未然。

恶劣的后果出现时，人们会觉得惊愕，想去了解事件"真相"和作用机理，但并不相信这样的事会真的发生在自己身上，因而也就缺乏警惕。这解释了为什么尽管有大量的案例和广泛的宣传，受害者的数量仍不断增加。另外，这些恶性事件往往发生在亲密关系、熟人关系中，人们一旦沉浸在这样的关系里，很容易失去基本的判断力，成为任人宰割的羔羊。还有人怀有占便宜的心理，认为自己能在骗局中全身而退，他们恰恰是被欺骗和利用的对象。

我们当然希望这些事情永远不要发生在自己身上，但逃避关注这些事情并不能让人豁免，真正避免这类坏事的策略是洞悉它，提高警惕并及时预防。只有努力学习相关知识，建立强大的心理和情感防线，才能抵御他人的心理操纵和情感欺骗，摆脱有毒关系，掌握人生的主导权。

第一章

那些使你陷入危机的本能

熟练的坏人就像秃鹫,盘旋在高空,能精准地感知最弱小的猎物在哪里。

影响还是操纵

我们先来做一个选择题。

你的一个朋友向你借一万块钱,说两周后归还。你答应了。可是,两周后他根本不提还钱的事,你提醒他,他假装没听到。你又忍了一个月,和他严肃地提出请他还钱,他说一周之后必定归还。一周后,他依然没有还钱的意思。你催他,他说手头紧,但宽裕了一定马上还。

一个月后,你看他买了新手机,就催他还钱。他不但不还钱,反而说:"你这人真小气,你又不缺那一万块钱!"等你真的生气了,他又说:"我开个玩笑,明天就还给你。"第二天再催,他说:"我就你一个朋友,现在真没钱了,也借不到钱,你不能看我饿死吧。"再催,他直接将你拉黑。

在这种情况下,你认为他更可能是什么样的人?

(A)月光族,没存款,实力不行乱借钱。

(B)大大咧咧,不会理财,对财富缺乏掌控力。

（C）自私，总是想不劳而获，占别人便宜。

（D）他在用"朋友"的身份利用你！

答案就是（D）。 他其实是在操纵和利用你，一边利用朋友的身份黏住你，向你示弱，一边又毫无同情心地利用你。

这种人在现实生活中并不少见。 比如，借你东西赖着不还；认为你经济状况好（你甚至不一定经济状况好），应该多请客吃饭或者多贡献；你有两辆车就应该借他们一辆；你有多套房子，就应该给他们住不用给租金；等等。

这其实是一种人格障碍，有这种人格障碍的人以自我为中心，为人自私且自大，他们强势霸道，总觉得自己做的事都是对的，试图控制他人。 他们做事的出发点只有自己的利益，坚信自己做事的方法一定是正确的，对做过的错事无任何愧疚感。

这类"剥削"行为通常指一个人（或一方）试图改变另一个人（或另一方），为了实现自身利益而牺牲他人的利益。 这种人缺乏同理心，无法感知他人的情感，他们和人交往的目的是控制和利用。 为了自己的利益，他们随时可以牺牲他人的利益。在他们眼里，他人都是任人摆布的工具。 上面例子中的朋友，当你戳穿他的时候，他甚至会指责你，"你又不缺这一万块钱"；或者回避你的要求，"我就是开玩笑，明天就给你"；而到第二天他又会装可怜，"我就你一个朋友，现在真没钱了，也借不到钱，你不能看我饿死吧"。

******

无论我们是否想牵涉其中，利用心理弱点获取利益的事随时会发生。而随着网络和社交媒体的兴起，我们遇上这样的事的可能性更大了。一旦遇上，即便是那些公认的"聪明"人，比如受过良好教育、具有较高社会地位的人，也会一次又一次地被利用、欺骗，甚至被操纵。学历和地位似乎并不能让人免于被欺骗、被操纵。更可怕的是，这类事件的发生，也不像天花或水痘一样，只要得一次就可以在未来"免疫"。它更像不断变异的流感病毒，人们的防御手段总是落后于它的更新速度，人们似乎很少能从过去的经验中学到教训，这导致很多人一次又一次重蹈覆辙。面对这一现实，我们不要盲目自信，认为自己不会被利用、被欺骗、被操纵，结果可能会深陷其中。同时，我们也没有必要自暴自弃，因为抵抗这类操纵和欺骗仍是有可能的。

现实中，我们每个人都尝试影响他人，也被他人影响着。

我们每天都在努力影响他人的行为和他人对我们的判断。我们尝试在他人眼中塑造一个更好的自己，我们通过整洁的衣服、恰当的妆容、得体的言语等，努力给他人留下良好的印象。拥有奢侈品就是影响别人判断的策略之一；塑造诚实可信的形象，则会让他人更有信心与我们进一步交往；而市场营销的各种策略就是为了影响他人的判断和选择，使商品畅销或刺激人们消费。

这些日常的美化都带有某种程度的"欺骗"。比如，求职面试，求职者可能只提及自己的优点以及能给公司带来的益处，而不会提及在以前工作中迟到的次数、犯下的错误，更不会说出离开上一份工作的真正原因。在这种情况下，省略某些信息不会让我们感到自己不诚实，也不会产生负罪感，因为在人际交往中，我们都努力凸显自己积极的一面，同时努力把对方的注意力从消极方面引开。

在影响他人的同时，我们也无时无刻不被外界影响着。日常生活中，我们会因为看了一场感人的电影而泪流满面，听了一场激情澎湃的演讲而热血沸腾；我们可能会因为看了某些广告而选择某个商品，随后又非常后悔。网络世界中的"大V"们，他们在社交媒体上拥有大量粉丝，拥有巨大的影响力，他们还可以将这一影响力变现，广告商会利用这些人的影响力提升人们对他们产品的关注。

这些"影响"似乎是可以接受的，但与此同时，还有一些"影响"则需要我们警惕。比如，男朋友以爱的名义让你远离其他异性；上司以"画大饼"的诱惑外加"失去工作"的威胁，使用"胡萝卜加大棒"的策略让你放弃自己的休闲时间去加班；父母以"为你好"的名义让孩子做他不愿意做的事。再比如，销售员先是反问"你不会希望孩子落在起跑线上吧"，引起家长的焦虑，再抛出自己的产品或解决方案。在这些情形下，主动的一方已经通过某些策略实施"要挟"或"恐吓"，影响他人的决定，进而达到目的。

******

人在什么情境下容易受他人影响、欺骗，甚至操纵？或者说，我们为什么容易受到利用、欺骗以及操纵？

根本原因是我们的心灵中有脆弱、非理性的部分，每个人都有需求和欲望。我们有追求，我们有愿望，我们有对更好生活的向往，而为了满足这一切，我们就需要与他人交往，融入社会，我们的弱点也就因此暴露在他人眼前。

切断与他人的联系当然能保证我们不被他人欺骗和利用，但这显然是不现实的。我们生活在社会中，很难不与他人发生联系，人类在生物学上也存在着根深蒂固的与他人联系的需求。这种需求是人类健康的重要保证，不与外界或他人产生联系，我们就无法正常生活。

缺少与外界的联系会造成怎样的影响？"感觉剥夺实验"就是一个极端案例。

1954 年，心理学家贝克斯顿（W. H. Bexton）等设计了一个大胆的实验。他们招募学生作为实验对象，并每天付给他们 20 美元的报酬，让他们处在缺乏刺激的环境中。

实验看上去非常愉快。具体地说，就是在视觉（被试者须戴上特制的半透明的塑料眼镜）、触觉（手和臂上套着纸板做的手套和袖套）和听觉（实验在一个隔音室里进行，只有空气调节器单调的嗡嗡声）

都受到限制的环境中静静地躺在舒适的帆布床上。 开始阶段，许多被试者都是大睡特睡，或者思考学期论文。 然而，两三天后，他们便无法忍受了，想要逃脱这单调乏味的环境。

实验结果显示，在实验开始后的几天里，被试者就开始出现注意力涣散，思维受到干扰，无法进行思考，智力测验的成绩不理想，他们的生理和认知都受到非常大的影响，发生了明显的变化。 通过分析他们的大脑特征可知，被试者严重失调，有的被试者甚至出现了幻觉。[①]

这一实验表明，我们只有与他人接触或身处社会环境中才能维持心理和生理的健康。 因此，社会性是人的重要属性，离开社会我们难以生存，或者生存质量很差。 我们所知的那些离群索居的隐士，他们少与社会和他人互动，这种行为是需要巨大的忍耐和意志的，而且这些隐士也不能完全与人断绝联系。

正是在与他人的联系中，我们心理中脆弱和非理性的部分使我们陷入危机。 永不满足的需求和欲望是我们追求更好生活的动力。 失去追求，不再相信未来，不再关心他人，也就丧失了生活的意义。我们与他人交往充满了情感的纠缠和困扰，永远也无法变成一个纯粹的理性人。

---

① Bexton, W. H., Heron, W., Scott, T. H., "Effects of Decreased Variation in the Sensory Environment," *Canad. J. Psychol*, 1954, 8(2): 70–76.

******

从影响到情感操纵、欺骗、洗脑、PUA 是怎样实现的呢？

它们不是随机的，也不是一时兴起，往往经过精心策划。加害者会识别猎物，与受害者建立亲近的关系，有目的地对受害者施加影响，不断试探受害者的底线，不断地让受害者做出让步。

他们通常采取以下步骤。

第一步，识别猎物，他们会观察受害者，找出最容易施加影响的人。在这一步，他们会使用非常"明显"的陷阱，排除不易操纵的对象。

第二步，营造一种虚假的信任和安全。加害者会戴上面具扮演受害者需要的角色，他们的计划通常都能成功，因为他们通过第一步的观察已经知道对方需要什么。他们目标明确，能提供最能打动对方的东西，比如让受害者感到被爱、被关心、被需要。

第三步，无论是经济上、情感上还是精神上，让受害者对他们产生依赖。在此过程中，很重要的一点是孤立受害者，破坏受害者原本正常、健康的社交圈，让受害者原有社会支持系统失效，只能与他们紧紧捆绑。

第四步，利用某些手段放大自己的收益，榨干受害者的最后一点剩余价值，他们会毫不客气地下手，然后消失不见。

整个过程，他们占尽上风，操纵着关系的进展，把控着节奏，决定什么时候前进、什么时候收手，而受害者则被耍得团团转而不自知。

会伤人的爱

我们再来看一个例子。

刘伟和王妮①是一对新婚夫妇，他们都有鲜明的个性，结婚前有着各自的喜好和朋友圈。刘伟稍微有点内向，更喜欢一个人思考，交往的朋友不多。而王妮则相反，她活泼外向，有很多朋友，甚至有一点自来熟，仿佛和任何人都能说得上话。

在外人看来，他们性格差异恰好能够彼此互补，最开始也的确是这样的，他们在一起总是能自如地应付生活中的各种问题。但是，后来刘伟希望王妮能够减少跟朋友交往，更多依赖他，逐渐地，刘伟开始控制王妮的行为。

刘伟知道不能强迫王妮改变，强迫不会让他获得他想要的东西，反而会引起王妮的反感，甚至可能会让王妮离开他。于是，他有计划地开始了操纵行动，想要逐渐把王妮置于他的控制之下。

他采取的第一步就是对她的一些小细节吹毛求疵，比如对她选择的衣服、化妆品、发型、体重冷嘲热讽。最初王妮并不在意，还能泰然处之，但在刘伟持续的输出之下，王妮对自己的评价以及与人交往的信心受到影响。

---

①　本书举例的人名皆为化名，非真实姓名。

刘伟为了让王妮减少和朋友的交往，只要她提到朋友，就会用一些不可靠的事情来说明这些关系如何脆弱，他甚至虚构了一些王妮和朋友之间的矛盾，比如他听到王妮的某个朋友对她的负面评价这类谎言。最初王妮并不相信，但怀疑的种子在她心里不断成长，她开始带着怀疑的目光看待她和朋友的关系。结果，王妮和她的朋友们逐步疏远。

王妮的自信心因打击而降低，她难以像以前一样很容易就能交到新朋友。久而久之，王妮的生活里只剩下刘伟，她甚至认为刘伟是唯一真正关心她并接受她的人。这样的后果是，她变得越来越离不开刘伟，甚至想尽一切办法取悦刘伟。

******

没有人不渴望拥有浪漫的爱情，感受恋人的温柔和呵护。爱与亲密关系可以使我们的生活获得情感上的满足并提供一种归属感，它也为治愈心理创伤提供了精神力量。人类心理有为爱而设计的一部分，因此我们渴望爱，更渴望被爱。陷入爱河的男人或女人会感受到幸福，就是因为他们知道自己爱着他人，也被人所爱。

爱与亲密关系也能提供归属感。归属感，通常指一个人感觉被认可与接纳。一个人的归属感通常来自两个方面：一是自己给予自己的价值感，它是我们强大自信的来源；二是别人给予我们的肯定，它给予我们安全感，让我们在一段关系中感到舒适。

　　人本主义心理学家马斯洛的需求层次理论认为，归属感和爱是人的重要心理需要，只有获得归属感和爱，人们才有可能达成自我实现。[①] 马斯洛认为，在人的各种需要中，处于最底层的是我们的生理需求和安全需求。 不难想象，我们最先需要解决的是自己的温饱和安全，需要建立没有威胁的环境，因为这直接关系我们能否生存下去。 当我们的生存和安全得到保障，就会开始寻求爱与归属感，即我们需要爱人与被爱，并需要从伴侣那里得到被接纳、被认可的感觉。 通过这一过程，我们逐步摸索确认自己在这个世界中的位置。只有在这一层需求得到满足之后，才会开始追求尊严和自我价值实现（见图 1 - 1 ）。

　　在生产力高度发达的现代社会，人类基本的生存保障问题已经得到解决。 由此，更重要的追求归属感便提上日程。 人的社会性使我们处于各种社会关系中，我们渴望在这些关系中被认可、被接纳，最终获得归属感。

　　没有归属感，我们会感到孤独和寂寞。 心理学的研究证明，孤独和寂寞磨损人的精神。 比如，会对自己从事的工作缺乏激情，责任感不强；社交圈子狭窄，朋友不多；业余生活单调，缺乏兴趣爱好；等等。 这些精神状态会深刻影响我们对世界的看法。 缺乏归属

---

① Taormina, R. J. , Gao, J. H. , "Maslow and the Motivation Hierarchy: Measuring Satisfaction of the Needs," *The American Journal of Psychology*, 2013, 126(2): 155-177.

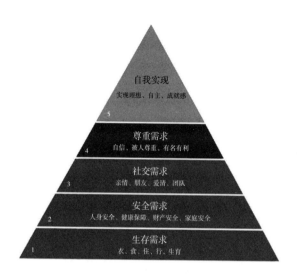

图 1-1　马斯洛需求层次理论

感还会增加一个人患抑郁症的风险。　在一项相关的研究中，被试者包括重度抑郁患者，对比组是社区学院的学生。　研究者给他们派发的问卷内容主要集中在心理归属感、个人的社会关系网和活动范围、冲突感、寂寞感等问题上。　结果显示，归属感是判断抑郁的重要因素。[①]　多项研究已经证实了这一结论，归属感可以用来预测一个人

---

① Dutcher J. M. , Lederman, J. , Jain M. , Price, S. , et al. , "Lack of Belonging Predicts Depressive Symptomatology in College Students," *Psychol Sci*, 2022 Jul, 33（7）: 1048–1067.

是否会患上抑郁症。 归属感低的人显然更容易陷入抑郁。[1]

　　家庭、工作、集体，都可以给我们提供归属感，但爱与亲密关系是为我们提供归属感的最直接、最重要的方式。

＊＊＊＊＊＊

　　爱与亲密关系对我们的归属感如此重要，我们自然会非常容易对其产生依赖。

　　然而，在亲密关系中，我们自带滤镜，晕轮效应遮蔽了我们的眼睛，让我们无法看清他人的内心，错误地估计了他人真正具有的能力。 同时，我们对被爱的渴望会使我们变得脆弱，它可以被操纵和利用。 不少人都曾有过被另一半贬低、欺骗、操纵，甚至施以冷暴力的可怕经历。

　　原本美好的亲密关系很容易转变为一种危险的关系，爱被用作一个人对另一个人行使更多权力的借口。 很多人打着爱的旗号支配和操纵他人，很多人在亲密关系中为自己攫取更多利益。

　　在坠入爱河时很难察觉亲密关系中的情感施虐者，但他们如黑洞，把受害者的能量全部吸走。 他们是百发百中的诱惑者，善于伪装和讨好，让受害者误以为遇见了爱情的繁花嘉树。 他们使用的手段非常固定：理想化、刻意贬低、狠心抛弃，用各种花招将受害者玩

---

[1]　Hagerty, B. M. , Lynch-Sauer, J. , Patusky, K. L. , et al. , "Sense of Belonging: A Vital Mental Health Concept,"*Arch Psychiatr Nurs*, 1992, 6(3): 172-177.

弄于股掌之中，受害者一旦身陷这样的情缘，将很难全身而退。

前面的例子就说明了亲密关系中的操纵行为。很多人可能认为这种情况不会发生在自己身上，认为自己有能力摆脱控制。但是，必须提醒大家，千万不要错误地高估你对这些操纵力量具有的免疫力，他们出现的概率比你想象的大得多，它们的影响也比你想象的要严重得多。

在爱的光辉笼罩下，我们很容易放弃自己的判断，不断容忍对方的出格行为。为了说明在亲密关系中，我们为了爱可以做出多大牺牲，可以忍受多么邪恶的对方，让我们看一个心理学的研究。

哈利·哈洛（Harry Harlow）是非常著名的研究"爱"的比较心理学家，他的研究对象是小猴子。哈洛将刚出生的小猴子和母亲分离，小猴子没有母乳和母爱。哈洛要代替母亲给它们提供这两样东西，但他把母乳和母爱分开。①

提供母乳但不提供母爱：哈洛用铁丝做了一只假猴子，它胸前有一个可以 24 小时提供奶水的装置，这样它就发挥着提供母乳的作用。

提供母爱不提供母乳：哈洛又做了一只类似的假猴子，但是用绒布把铁丝包起来。于是，这只猴子摸起来是软的、温暖的，就像母

---

① van der Horst, F. C., Leroy, H. A., van der Veer, R., "When Strangers Meet: John Bowlby and Harry Harlow on Attachment Behavior," *Integr Psychol Behav Sci*, 2008 Dec, 42(4): 370-388.

亲的怀抱。 但是，这只假猴子没有奶水装置。

哈洛把一群出生不久的恒河猴和他制作的两只假猴子关在笼子里，他很快发现，小猴子们全部成了绒布猴妈妈的小宝宝。 它们紧紧地抱着绒布猴妈妈，不断地咬她、摸她。 只有在饥饿的时候，小猴子才会到铁丝猴妈妈那里喝几口奶水，然后又跑回来紧紧抱住绒布猴妈妈。

这表明，动物的需求远不止填饱肚子，一个温暖的拥抱比食物更有吸引力。 母亲温暖的怀抱，而不是奶水，才是孩子依赖她的主要原因。

那么，小猴子为了获取母爱，可以接受多么恶毒的"母亲"呢？

哈洛做了更进一步的实验。 他设计了一种特殊的"坏"的假猴子，作为小猴子的假母亲。 这只假猴子会向小猴子发射锋利的铁钉（虐待），这可能会使小猴子受伤；或是向小猴子吹出强力冷气，把小猴子吹得只能紧贴笼子的栏杆（伤害）；假的猴妈妈还会不停尖叫（呵斥）。 哈洛认为虐待、伤害、呵斥是一个恶毒母亲的重要特征。

实验发现，无论猴妈妈怎样恶毒，小猴子都不会离她而去。 即便被猴妈妈的铁钉击伤，被冷气冻得瑟瑟发抖，被尖叫声吓得蜷缩在角落里。 它们仍然不离开她，甚至会反过来更加紧紧地抱住猴妈妈。

人的行为具有类似的特征，为了在亲密关系中获取对方的认可，我们可以放弃很多东西。 而这恰恰是爱和亲密关系被利用来实施操纵的原因。 在前面的例子中，刘伟让王妮失去自信、远离朋友，王妮非但没有怨恨他，反而愿意为了讨好他而付出更多。 在这样的案例中，受害者的所作所为都是出于对其伴侣的依赖以及为了从伴侣那里获得归属感。

******

既然归属感是人重要的需求又很容易被利用，那么，我们就要努力追逐归属感，并积极利用它，掌握主动权。

在亲密关系中保持积极的沟通态度。 想要别人认可我们，就要让他们先了解我们。 人们互相了解的最主要途径就是语言交流。 所以，我们要学会交流，善于交流。 千万不要总让伴侣去猜。 因为猜，就一定存在猜错的可能。

放下芥蒂学会信任。 想要别人接受我们，先要做到接受别人。如果对伴侣总是抱有怀疑，心存芥蒂，那么我们将永远无法走向对方。 在亲密关系里，信任是一切的基础。 信任会让我们愿意满足对方的需求，接受一个人走近自己，同时展示自己真实的一面。 内心平静能让我们向外界寻求归属感时更从容。 因此，要找到让自己内心平静的事物，这样即使离开了让自己感到安心的地方和人，到了一个完全陌生的城市，被素不相识的人包围，也不会急于填满缺失的归属感。

另外，在亲密关系中，获取归属感的同时，要保持自己独立的人格，培养独立的判断能力。 亲密关系中的行为有时候很难判断是否带有操纵的意图，但有一条可以作为判断标准，那就是对方的行为是否让自己感到舒服，而这就需要了解自己的喜好和底线，这是塑造独立人格，形成独立判断能力的基础。

更重要的是，对可能的情感"剥削"要始终保持警惕，及时制止他人的不良企图。 当你在人际关系中感到不舒服或已经感到不安时，你可能已经陷入情感勒索和操纵。 你要始终记住，问题不在于你，而在操纵你的人，你不应放弃自己的权利和利益。

当你在一段关系中感觉不舒服，怀疑对方是否在控制和"剥削"你，你可以尝试问自己以下问题。

我受到了真正的尊重吗？

这个人对我的期望和要求合理吗？

这段关系中的付出是单向还是双向的？

我在这段感情中感到舒适吗？

这些问题的答案会给你重要的线索，帮助你确定关系中的"问题"是来自你还是对方。

高敏感缺陷

小华与人交谈时总会感到局促不安，双手不知道往哪里摆，说话时不敢直视别人的眼睛，面对别人的直视也总是左右闪躲，仿佛别人的目光带着钉子。只要交谈沉默数秒，他就会试图找一个新的话题，仿佛沉默会让他十分尴尬。

小华的原生家庭并不幸福，甚至可以说有点糟糕。他父亲原来是一名工人，后来工厂破产下岗了，没有了原本体面的工作，不得不靠做力气活维持生计，他父亲养成了酗酒的恶习，一旦不开心喝点酒就拿他出气，甚至打他。他的母亲也脾气暴躁，埋怨父亲没用，两人经常斗嘴，只要有一点不高兴就打骂孩子。身处这样的家庭，父母阴晴不定的脾气让他感到十分无助，他每天都非常紧张地关注父母的谈话和家中的气氛，为自己会不会挨骂甚至挨打提心吊胆。如他自己所描述的："只要听到父母说话的声音高一点，都会感到非常紧张。"

在这种环境下长大的小华，总是努力迎合父母，生怕他们因为某些方面不满意而对自己大吼大叫。他无法认清也无法对抗父母的错误行为，只能选择委屈自己来满足他们。

很多在温暖家庭中长大的孩子可能觉得小华很可悲，他居然需要为了在自己家里生存而学习求生技能。这真的很可悲，家不像家，家更像战场，因为只有在战场上，人才需要学习求生技能。

小华很会察言观色，可察言观色的目的是为了让自己活下去。这种行为习惯也延续到他成年后的日常生活中，他在人际交往中总是忍不住关注对方细微的情绪变化，生怕自己说的话和做的事冒犯到别人。 有时候，即便明显是他人的过错，他也努力忍气吞声，为了维持这段关系而牺牲自己的利益。

在小华身上，你是否看到了自己的影子？ 小华这样的人被称为高敏感人群。

小林也是一个高敏感的人，与小华不同，小林拥有幸福的童年。但是，小林发现，他越是真心对待别人，给自己带来的伤害越大。因为他对别人的心理和行为比较敏感，能从他人很小的表情和动作感受到他人的心理变化，感受到他人的需要，而每当感受到他人的需要，小林就会迫切希望自己能够为他人做些什么，因为只有这样才会让自己感到平静。

他总是认真待人，尽管他是出于自己内心平静的需要，看上去是利己，但实际上还是利他。 现实往往和期望的不一样，小林的善良和想拯救他人的想法虽然也得到过同样温柔的回报，但也有很多人把善良等同于软弱和好欺负而肆意利用。 小林因此受过很多伤害，甚至不再相信自己的社交能力，但小林认为是自己做得不够好，于是在下一次交往中投入更多，结果是进一步受伤。

******

高敏感人格（highly sensitivity personality），学术界称之为感觉加工敏感性（sensory processing sensitivity），它通常指对身体、情绪或社交刺激具有更深的中枢神经系统敏感性的人。 他们通常表现出更强烈的感受、患得患失、缺乏安全感等特征，甚至因此经常焦虑、很难控制情绪。19世纪中叶，精神分析大师卡尔·荣格（Carl Jung）在分析人格的时候，关注到部分人具有"敏感"这一特征，并认为"敏感"的人更容易患有神经症。心理学家伊莱恩·阿伦（Elaine Aron）编制了一套测试问卷①，调查发现具有高敏感人格的人群（高敏感人群）大约占15%~20%，说明这一特质广泛存在于人们之中。

下面先做一个简单的小测试，看看你在生活中是否遇到过以下这些情况。

我的感觉很灵敏，总是能感到别人细微的情绪变化、看到很多细节或闻到各种气味。

在人际交往中，总是能识别别人的需要，并且常常不自觉地满足别人的需要，讨好别人。

虽然理智告诉我，不要过多猜测别人的想法，但别人一个无意的动作，我脑中已经脑补了一场大戏。

跟领导汇报对我来说是个大挑战，别人都能很自然地跟领导聊天，而我每次都要准备好久才敢去跟领导讲，领导的任何不满意都让我战战兢兢。

---

① 伊莱恩·阿伦的高敏感人群测试问卷参见 https://hsperson.com/test/highly-sensitive-test/，高敏感儿童测试问卷参见 https://hsperson.com/test/highly-sensitive-child-test/。

对感人或者伤感的故事毫无抵抗力，会忍不住哭，甚至看一些煽情的短视频都会哭得稀里哗啦。

我常常因为犹豫不决和谨慎而很难做出决定。

如果你遇到过这样的困境，那你很可能就是高敏感的人。

伊莱恩·阿伦提出了"DOES 模型"来解释高敏感特质，DOES 分别是四个英文词组的首字母。[①]

D 即深度加工（Depth of processing）：对信息过度加工，以至于思绪过多，需要更长时间进行决策。

O 即过度刺激（Over stimulation）：对周围的小事敏感，容易因为一些小事产生强烈反应。

E 即情感反应和同理心（Emotional reactivity/empathy）：大脑中具有更多的镜像神经元，对他人的情绪具有更多同理心并因此受到影响。

S 即对细微事物的感知（Sensing the subtle/sensory stimuli）：对微小的事情等都能清晰感知，能感觉到别人感受不到的东西。

高敏感人群的这些特征使他们对事物的看法和感受与其他人不同，在别人眼里，他们常常"反应过度"，或存在行为上的问题。

高敏感人群习惯性地不信任自己，尤其不相信自己的判断和想

---

① Aron, E., *The Highly Sensitive Person: How to Thrive When the World Overwhelms You*, New York: Birch Lane Press, 1996.

法。 因为在现实中，他们对很多事情表现出过度敏感后，他人往往会说他们是"过度反应"。 这一评价让他们对自己的经历和感受产生不信任，其结果往往是，即使在一段关系中，他们感觉到某些事有点儿不对劲，甚至感到对自己不利，他们也会更多选择保持沉默，不为自己发声。

高敏感人群过分在意人际关系，并倾向于把人际交往中出现的关系紧张和矛盾归咎于自己，无论这一紧张关系是谁引起和导致的，他人的批评更是会让他们不知所措。 这就非常容易导致他们不能及时发现那些想要利用他们的人的真实目的，而在不断的退缩中任由对方对自己施加影响和控制。

由于他们敏感、退缩的特征，高敏感的人更容易吸引自恋的人和控制欲强的人进入他们的生活，这使他们更容易落入他人的欺骗和操纵之中。 比如面对以下情形。

"我这么说你都是为了你好，你为什么不反省一下自己，反而埋怨我？"

"孩子生病了，都是因为你这个当妈妈的失职了，你真是干什么都干不好！"

对于敏感的人来说，这些刺耳的话语会折磨他们，让他们辗转反侧，迫使他们一次次让步。

******

伊莱恩·阿伦等人研究发现，高敏感是一种比较稳定且持久的人格特质。这一特质可能伴随人的一生。拥有这种人格特质的人通常会更容易注意到周围环境和他人情绪变化的微小细节，也更容易被强烈的情绪支配。因此这类人往往更具同理心，对外界刺激的反应也更强烈。

高敏感人格的形成主要有原生家庭、个体因素和遗传因素几个方面的原因。

原生家庭：情绪不稳定的父母

在小华的例子中，情绪不稳定的父母不仅给家庭制造混乱和麻烦，还会把自己的不良情绪发泄在孩子身上，影响孩子成长。他们不仅在言语上辱骂孩子，责怪孩子拖累自己，甚至会对孩子暴力体罚，这一切都会让孩子处于一种担惊受怕的状态，因为他们不知道父母下一秒会是什么情绪，这让他们时刻处于担惊受怕的状态。正如一个赶路的人无法预期天气的变化，不知道下一秒是艳阳高照还是疾风暴雨，最好的应对方式是时刻带着雨伞。在这样的家庭里，孩子对父母的行为必须时刻保持警惕，时刻关注父母的情绪变化和肢体语言，以便在下一次伤害来临前想办法逃离。

在这种环境下，高敏感成为孩子的一种生存技能，是孩子为了适应充满混乱和暴力的家庭而习得的基本生存策略。这就使他们对别人的情绪变化非常敏感，它是一种自我保护机制，大概率会伴随一生。这些人成年以后，仍然保留着这样的行为反应模式，比如对领导或同事的情绪或行为很敏感，别人的任何情绪变化，都容易唤起他们内心的不安与焦虑，进而会反省自己是不是又让别人不满意了。

个体因素：错误的归因

很多父母仍然持有挫折教育的观念，认为鼓励和表扬孩子容易助长孩子的骄傲和自满，因此常常将批评作为教育孩子的重要手段，且一味地将自己的孩子和"别人家的孩子"对比，甚至打孩子。这些父母以为这样可以让孩子持续进步，但实际上很容易挫伤孩子的自尊心，形成错误的归因。

社会心理学家弗里茨·海德（Fritz Heider）于 1958 年在他的著作《人际关系心理学》中提出了归因理论（attribution theory）。1974 年，伯纳德·维纳（Bernadr Weiner）进一步丰富了该理论。归因理论是解释和判断他人和自己行为结果的原因的社会心理学理论，通俗地讲，归因就是给自己的行为结果找个原因，来解释自己的现状，是人们对自己的行为进行分析，对自己行为的原因进行推论的过程。一个人的归因方式会影响其行为方式和动机。

维纳认为，人们对行为成败原因的分析可归纳为以下六个因素。

能力高低：评估自己能否完成某项工作。

努力程度：个人反省在工作过程中是否尽力而为。

任务难度：凭个人经验判定某项任务的困难程度。

运气好坏：判断自己在某项工作中的成败是否有运气的成分。

身心状态：工作中身体状况及心情是否影响工作成效。

其他因素（外界环境）：除上述五项，其他事关人与事的影响工作成败的因素（如别人的帮助或不公）。

以上六个因素是一般人对成败归因的解释，维纳将这六个因素按性质分类纳入稳定性、原因来源、可控制性三个维度，具体见表1-1。

表1-1　维纳三维度六因素归因模式

	稳定性		原因来源		可控制性	
	稳定	不稳定	内部	外部	可控	不可控
能力高低	√		√			√
努力程度		√	√		√	
任务难度	√			√		√
运气好坏		√		√		√
身心状态		√	√			√
外界环境		√		√		√

稳定性指当事人自认影响其成败的因素在性质上是否稳定，是否在类似情境下具有一致性。六个因素中的能力高低与任务难度两个因素不随情境变化而改变，是比较稳定的，属于这一维度，其他因素则均不具有稳定性。

原因来源指当事人自认影响其成败的因素是取决于个人条件（内部），还是取决于外在环境（外部）。能力高低、努力程度及身心状态三个因素属于内部，其他因素则属于外部。

可控性指当事人自认影响其成败的因素在性质上是否由个人意愿所决定。六个因素中只有努力程度是可以凭个人意愿控制的，其他因素均非个人所能决定。

维纳等人认为，人们对成功和失败的解释会对其以后的行为产生重大的影响。

比如，考试失败了，如果把失败归因为缺乏能力，就会产生消极影响。因为能力高低是稳定的，很难改变，可能会使个体丧失继续拼搏的动力；如果把考试失败归因为运气不佳，那么也会造成动力不足，因为运气好坏是不可控的。但是，如果将失败归因为努力程度不够，那么就会激发动力，努力下次考好，因为努力是个人可以控制的。

面对父母的批评，不同的孩子归因可能不同。如果孩子更多归因为自己的过错，且认为是自己的过错导致父母不高兴，则可能形成一定的愧疚体验，进而过高关注自己的行为对他人的影响。长大后，他们对他人的情绪变化不仅敏感，还总是认为是自己做错了什么才导致不好的结果。

遗传因素：高敏感天赋

研究者还发现，有部分人生来就具有更敏锐的观察他人行为的能力，这就是遗传因素。应用最新的科学仪器，研究者发现了高敏感特质和大脑特征之间的关系。

有研究者观察了一组成年人在完成社会情感"移情"任务后，静息态下脑连接的个体差异，并对比了高敏感人格量表得分与静息态下脑连接的相关性，结果显示，腹侧注意网络、背侧注意网络和边缘注意网络内的静息态脑连接增强。进一步分析显示，海马体和楔前叶(与偶发记忆有关)之间的静息态脑连接增强；而杏仁核和延髓(与焦虑情绪有关)以及海马体和岛叶(与习惯性认知处理有关)之间的连接较弱。高敏感人格与注意力控制、记忆巩固、生理平衡和慎重认知的大脑连接有关。这些结果支持了将"深度处理"作为高敏感人格的核心特征的理论，并强调了这一主要特征的神经过程。[1]

另有研究者将高敏感人格的大脑特征与自闭症、精神分裂、创伤后应激障碍患者的大脑区域进行了对比，结果发现高敏感人格具有稳定性，具有高敏感人格的人对突出的刺激有更大的同情心、意识、反应力和处理深度。研究发现，高敏感人格有别于其他几种精神疾病，高敏感人群对社会和情感刺激的反应不同程度地调动了涉及奖励处理、记忆、生理平衡、自我—他人处理、移情和意识的脑区，并通

---

① Acevedo, B. P., Santander, T., Marhenke, R., et al., "Sensory Processing Sensitivity Predicts Individual Differences in Resting-State Functional Connectivity Associated with Depth of Processing," *Neuropsychobiology*, 2021, 80(2): 185 - 200.

过对环境和社会信息的深度整合和记忆服务于物种的生存，很可能有助于社会和合作（见图1-2）。①

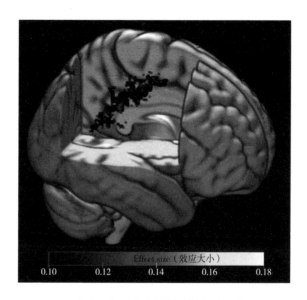

Effect size（效应大小）

0.10　　0.12　　0.14　　0.16　　0.18

图1-2　高敏感人格调动的大脑区域

心理学家对高敏感人群的大脑进行扫描，发现他们岛叶附近的灰质更多。灰质负责传递各类感觉，并对信息进行深度处理。高敏感人群的大脑灰质多，意味着可以感知和收集更多感觉，对信息的处理

① Acevedo, B. P. , Aron, E. , Pospos, S. , et al. , "The Functional Highly Sensitive Brain: A Review of the Brain Circuits Underlying Sensory Processing Sensitivity and Seemingly Related Disorders, "*Philos Trans R Soc Lond B Biol Sci*, 2018, 373(1744): 20170161.

也更深入，别人一个动作都能解读出千言万语。[①]

＊＊＊＊＊＊

高敏感人格具有稳定性，会长期影响一个人，甚至伴随人一生，因此要努力在认知上改变自己，减少高敏感特质的负面作用，而认清高敏感的根源，则能更有针对性地做出改变。

改变信念，努力摆脱原生家庭的影响

因糟糕的原生家庭经历长期的恐惧或挫折而形成的高敏感人格，本身是用来保护自己不受伤，但长时间的恐惧和挫败感会扭曲人的认知。比如害怕被拒绝，因为从小被教育乖巧听话，否则父母就不爱自己。在这个过程中，内心被塑造为总是要求自己符合他人或社会的期待。

要告诉自己，在正常的现实生活里，这些伤害大部分都不会发生，要强化新的积极的信念。如果不懂得拒绝，就要不断告诉自己没有责任帮助别人，没有责任承担别人的情绪。比起要求自己满足他人的期待，不如想一想"我找他帮忙，他会帮我吗？""如果我把自己的困难告诉他，他还会勉强我吗？""如果这样，那他还值得我

---

① David, S., Brown, L. L., Heemskerk, A. M., et al., "Sensory Processing Sensitivity and Axonal Microarchitecture: Identifying Brain Structural Characteristics for Behavior," *Brain Struct Funct*, 2022, 227(8): 2769-2785.

帮助吗？"

要摆脱原生家庭的影响，应对越界的父母，就要勇敢对父母说："这是我的人生，我能够负责。""这是我的人生，我不允许别人插手。"明确地告诉他们："我已经长大了，我可以为自己负责，很遗憾没能按照你们的愿望去做，但这是我的人生。"

而父母最应该做的，是反思自己的教育方式。

捍卫人际交往的边界,不要过多地为他人承担责任

高敏感是种天赋，能敏锐地捕捉他人的情绪是一种能力。 高敏感人群能够捕捉别人最细微的表情变化，读懂最微妙的眼神，甚至连交谈中不经意的坐姿变动他们都会看在眼里，立马领会他人潜在的情绪、感受。

然而，对别人的喜怒哀乐感同身受，再加上本身就具有丰富的感情，高敏感人群很容易被他人的情绪感染，如果在人际交往中没有划清边界，就容易为他人的情绪买单，轻易地被别人的心情影响，并错误地认为自己有义务做点什么。

比如，室友没考好很沮丧，甚至否定自己全部的价值，高敏感人群就会觉得很压抑、很难过，觉得自己应该做点什么让他重新振作起来；或者明明是别人占了自己的利益，但只要对方一道歉，就不忍再指责对方，甚至只要别人的解释听上去很有道理，就会被牵着鼻子走。

把这个道理铭记于心：每个人都该为自己负责，每个人都是彼此独立的个体，没有人该为别人负责

高敏感人群要修炼捍卫边界的能力，分清楚他人的情绪、他人的责任都是他人的，每个人的情绪和责任都应该自己承担。每个人都只能够为自己的人生负责，他人的人生由他人自己负责。

极高的共情能力是一种天赋，也是一种缺陷

高敏感人群有着极高的共情能力，感受着他人的感受，他们像是能够通过一条看不见的线连通他人，感知他人的情绪。

但是，极高的共情能力不是百利无一害的，具有极高共情能力的人也很容易受到伤害，极高的共情能力被利用，成为高敏感人群的软肋。

除了遗传因素造成的高敏感人格，很多具有高敏感人格的人都有一个糟糕的原生家庭，认知和思维也存在很多误区，常常在人际交往中讨好别人，因此很难坚定地捍卫人际交往中的边界，也就很容易成为操纵者或控制狂的猎物。

于是，操纵者或控制狂利用高共情能力掌握了高敏感人群的情绪开关，编织了一张网，牢牢地困住了高敏感人群，最常用的手段就是让高敏感人群自我评价降低，看不到自己的优点。

发现自己的优点可以帮助高敏感人群在受到不安情绪困扰时提醒

自己拥有棱角和与众不同的价值。

高敏感人群可以在日记中写下自己的优点，记下使自己感到坚强和能够提供力量的东西。实际上，记录的过程也是高敏感人群发现自己力量的过程。如果能够从真正信任的朋友或者亲人那里得知自己的优点，也会有所帮助。

虽然有人提出修炼"钝感力"，减弱对外界刺激的反应，但高敏感是一种捕捉信息的能力，我不会叫高敏感的人不要那么敏感，或安慰他们只要迟钝一点就好了。这是不可能的，高敏感的人再怎么样也不会迟钝，极高的共情能力也不会因为"时间长了就好了"。这样的说法是万金油，也是不负责任。高敏感的人老了，只会变成高敏感的老人。高敏感的人当然能够做到淡然处事，因为他们处理敏感的本领会变强。

因此，与其修炼"钝感力"，不如修炼捍卫边界和掌控自己情绪的能力，绝不能把情绪的开关交到别人手中。

为什么被骗的是你

很多骗术乍看上去让人感觉很拙劣，比如这样的短信：您好，为答谢老顾客，我公司举行抽奖活动，您被抽中获得一等奖，奖金15万元，请登录 ×× com 领取，验证码为 ×××，请尽快在一天之内注册领取，过期作废。

你可能会感叹现在的骗子骗术都这么低劣吗？这怎么可能骗到

人？ 只要具有基本的判断力，就能识别这是骗人的伎俩。

无独有偶，在国内外流行了几十年的"尼日利亚石油王子"骗局也是如此拙劣。

在这个骗局中，骗子在电话或邮件中描述的故事大致如下：尼日利亚几位高官要把巨额资金秘密地转移到国外，需要借用你个人的名义和银行账户，转移成功之后你将获得这上千万美元资产的10%作为酬劳。

是骗子笨吗？ 还是人们真的连这样的骗局也看不出来？

这其实是骗子在筛选猎物。 这种看似"拙劣"的骗术是一种试探和筛选，其中的逻辑非常简单，如果连这样拙劣的骗术都不能有效鉴别，那么这样的人就很容易被骗。

也许有人会怀着好奇心想看看骗子接下来会做什么，答应和这些"高官"合作。 过一段时间，骗子就会以事情进展不顺利为由，让你先垫付一点"微不足道"的手续费和打点官员的小费，骗子的最终目标总是钱袋子，诈骗的核心就是转账。 容易上当受骗的人为了所谓的10%的酬劳会心甘情愿地垫付手续费，但是付过几次钱之后，骗子就销声匿迹了。

只要编一个离谱的故事就能筛掉不容易上当受骗的人，这实在太省力了。

******

为什么有些人抵抗不了拙劣的骗术、更容易上当受骗呢？ 说到底，这些人缺乏成熟的思维体系和坚定的自我，无法抵抗他人的欺骗、洗脑、操纵。而成熟的思维体系和坚定的自我是指能够成熟而理性地面对世界，不会因诱惑而产生不切实际的妄想。

一个人要想不被伤害，就必须面对现实，让自己的思想成熟起来，把自己的心理武装起来，这样才能从根本上抵御外界和他人的影响。在现实生活中，容易上当受骗、被人操纵利用的人主要有以下几个方面的表现。

情绪化

情绪是我们针对某种刺激在行为上产生的不分化的、非特异性的感情成分，是我们面对外界事物的反应特征。在现实中，有些人"慢性子"，对外界反应总是慢一拍；而有些人可能是"暴脾气"，一点就着！这都是情绪的体现。

思维成熟度低的人的重要特征之一就是容易情绪化，在遇到事情的时候容易冲动，不把内心的情绪表达出来就非常难受。尽管有很多的词语为这种行为辩护，比如"心直口快""心口如一""直言不讳"等，但是，这种情绪化的行为基本上都是思维成熟度低的表现，他们的一举一动在别人眼里是透明的，别人很容易知道他们究竟在想什么。如果一个人在他人面前是半透明甚至透明的，他的行为就很容易受到他人的刻意影响。因为情绪化的人很容易被他人的三言两语搅乱内心，陷入个人的情绪中难以自拔！但凡他们出现了巨大的心理波动，就很容易被别人控制。 真正成熟的人是情绪的主人，掌控着自己情绪的开关，他们不允许自己被情绪所控制，也不会允许自己的情绪开关掌握在他人手中，他们会时刻维持着清醒和理智，对他人的影响保持足够的警惕。

有不切实际的幻想

有些人梦想一夜暴富；有些人渴望通过婚姻改变经济状况，提升社会阶层；有些人希望买彩票中大奖；有些人希望通过投资赚大钱。但现实是，一夜暴富的方法都写在刑法里，而那些成功通过婚姻进入豪门的普通人极其罕见。

有着不切实际的梦想的人渴望马上改变现状，并且总抱着侥幸的心理，觉得自己不会被骗。 殊不知，一个人的梦想越不切实际，与现实的反差越大，越会激发强烈的渴望，失去理智。 而这样的人往往想要的很多，却不愿意真正付出努力，很容易被一些"捷径"诱导上钩，跳入别人的陷阱，被人利用和操纵。 他们的这一心理极其容易被人利用，被利益诱惑，陷入别人编织的骗局，成为"杀猪盘"的牺牲品。

曾经有过一起轰动的诈骗案，就是利用这些想要快速致富的人贪婪又侥幸的心理。

骗子先运营财经知识的社交账号，社交账号发布的内容都是金融方面的知识，以及如何识别金融骗局、如何防范金融诈骗等技巧，并开展线上授课。在收获了一定数量的粉丝后，骗子从线上授课转为线下授课，收取比较昂贵的课程费，到此为止，一切看起来都是非常正常的操作。

正是在这个过程中，骗子筛选出了有钱、有人脉且极其渴望财富的人，然后组织开展更高级的课程。骗子的最终目的是让粉丝或学员购买各种虚拟货币，或者高价购买不值钱的虚拟商品。等到很多深陷其中的人醒悟时，骗子已经携款跑路了。甚至跑路后，骗子还不忘羞辱受害人："如果有人说我是一个骗子，我还挺高兴的，这说明我比你有智慧。"

就像前面说到的，骗子的行为也许看起来存在明显的纰漏，甚至明显自相矛盾，但他们正是通过这种策略筛选那些判断力存在缺陷的人。在上面的案例中，骗子甚至还开设如何防范金融诈骗的课程，告诉学员"要警惕骗子"，以此获取学员的信任，然而，一边讲授如何防范诈骗，另一边已经设下了骗局。而急于寻求财富"捷径"和密码的人由于盲目地想要致富而降低了警惕，在骗子的话术攻击下盲信盲从，失去自己的独立判断。这些人实在是骗子实施诈骗的最佳对象。

在现实中，有一些人收入不高，甚至需要为生计四处奔波。但是，他们省吃俭用买彩票，即使他们知道这不切实际，也不能阻止他们内心的渴望。在骗子眼里，这些渴望财富的人是最佳猎物。这不是说穷人更容易受骗，对于财富的急切渴望或对金钱损失的极度厌恶是很多人受骗的原因之一，富人也会因为各种欲望引来骗子，损失甚至比穷人更大。

思维模式单一

很多人在思维和认识上形成了非黑即白、非善既恶、非敌即友的定式，但现实世界是一个复杂系统，有很多中间地带，黑白、善恶、敌友相互交缠在一起。过于简单、单一的思维模式不利于我们对现实世界形成正确的认知。

成熟的思维体系是复杂的，如同太极一样黑白交缠，对立统一。成熟的思维体系是对现实世界的模拟，是洞察人性的结果。

思维模式单一的人更容易轻信、盲从、武断、情绪化，甚至陷入信息茧房而不自知。而具有成熟思维体系的人则站位更高，拥有更全面的眼光，能看到问题的不同侧面，想到的解决方案也会更多元。

依赖性强

依赖性是亲近他人，向他人寻求支持、认可，从而获得安全感的心理倾向。我们每个人都有一定的依赖性，我们每个人都需要他人的情感支持，这也是社交的意义。但是，依赖性过强，则会破坏人际关系。亲密关系中如果一方对另一方过度依赖就会导致感情失衡，同时这种依赖也容易被人利用。

依赖性强的人常常表现出极大的容忍，为获得安全感，避免自身陷入独立的恐慌之中，他们的容忍度非常高。因此，在人际关系中他们往往被动、顺从、不敢冒险，容易受他人影响。而这些恰恰是容易被他人利用和操纵的人格特质。与之相反，独立性强，勇于承担责任，在工作上可以独当一面的人则不易受人利用和操纵，这样的人知道自己每一步要做什么，内心极为坚定，因此对他人的依赖性较弱。

依赖性强的人对环境的适应能力很弱，他们只愿意待在熟悉的环境里，一旦环境发生改变，便会异常焦虑。他们特别缺乏安全感，时刻需要他人的肯定和陪伴，也时刻需要他人替自己做出判断。依赖性强的人本质上是对自我的认知不够完善，不清楚自己的优势和劣势，只能依附他人生存。在很多情况下，他们很容易被视为操纵目标，掉进陷阱。

自以为是

每个人都或多或少自恋，只是程度不一样罢了。一定程度的自恋是建立自尊的基础，也是建立自信的基础，具有正向作用。因此，适度的自恋是有益身心健康的，相信自己拥有很多积极品质的人容易对生活抱有乐观的态度。

但是，也有很多人盲目自信，他们认为自己具有重要的价值，对自己的能力过分夸大，这是一种脱离现实的盲目乐观。这一类人对外界非常敏感，喜欢听别人肯定自己的话语，特别是恭维和吹捧的话语，他们认为自己不应该不被人喜爱，自己的才能不应该不受到尊重和敬仰。

过度自恋、自信爆棚，就会发展为自以为是，容易听不进别人的意见和建议，只喜欢听恭维吹捧，那就需要警惕了。这些人看上去自信满满，不易受他人影响，实际上却有一个巨大的弱点，这类人把自己看得很重，把别人看得很轻，不懂得换位思考，缺乏同理心、同情心。这一行为往往导致他们缺乏真正的朋友，围绕着一堆阿谀奉承、别有所图的人，而力图操纵的人也会乘虚而入，因为只需要通过恭维、娇宠等策略就能满足这类人的心理需求，获取他们的信任。

社会化程度低

社会化程度是对社会环境和社会规则的适应程度。它不是指年龄的大小，也不是指财富的多少，而是指一个人的经历丰富程度以及随之而来的思考深度。一个人只有适应社会，争取到自己的生存空间，才有自由选择的权利，而在这个过程中，一个人才能塑造自己的价值。

社会是复杂多维的整体，社会化程度低的人对于社会的理解倾向于简单化、理想化，过于机械地理解社会规则，没有充分地了解社会的阴暗面，或夸大社会的阴暗面，因此容易盲从和偏信，也因此容易上当受骗。

******

上面我们列举了几个非常典型的容易上当、被人操纵利用的人的特征，希望能引起大家的警醒。 但是，有以上特征的人不要灰心，有这些特征不代表就会被他人利用和操纵，重要的是，发现自己存在弱点后，要在日常生活中刻意训练自己的相关能力。

做情绪的主人

情绪是人类感情的自然流露方式，负性情绪持续出现，会对身心健康、社交关系产生影响。 我们要学会察觉自己的情绪，在情绪爆发前能够及时控制住，保持冷静。 更要懂得观察他人的情绪，以便调整沟通的态度。

要树立正确的投资理财观念

天上不会掉馅饼，要认清"高额回报""快速致富"等投资理财项目都是陷阱，任何此类的宣传都是骗局，牢记免费的是最贵的。

充实自己的生活

找到自己的兴趣并坚持，提高自己的职业能力，将精力用来提升自己，减少对他人的情感依赖。

培养独立人格

每个人都有自己的生活，只有当自己的精神世界足够独立，具有独立的价值观时，感情世界才能得到升华。

自信而不自恋

自信的人总是信心满满，做事劲头十足，遇到困境也能从容镇定。而自恋的人常常排斥他人、刚愎自用。自恋源于故步自封，又造成更大的故步自封。自信而不自恋的人，对自己的认知是清醒、理性和精准的，既知道自己能做什么、该做什么，清楚自己的长处，又了解自己的短处。

多经历社会

社会经历少的年轻人辨别能力弱、自我防范意识不足，容易受到他人的影响、诱惑、鼓动，容易盲从，要理解社会运行的规则，恰当地看待社会的阴暗面，既不极度乐观，也不过度偏激，对自己的经历多做复盘、多思考，积累人生经验。

总想讨好他人

我曾偶然碰到一位中年女性，她在听说我学心理学后非要和我聊聊。

她的表情让我感到她心中写着万千的忧愁。她说自己有完整的家庭、有可爱的孩子，但是她觉得生活过得并不开心。我引导她继续说下去，于是她打开了话匣子，把从小到大的委屈一股脑儿说了出来。

她出生在农村，是家里的老大，还有一个弟弟。家里人有非常严重的重男轻女思想，她时常觉得自己是家里多余的人。她的妈妈对她的关注很少，更缺乏慈爱和关心；她的爸爸在外务工，回家的时候更多是抱着弟弟，对她的要求通常是多照顾弟弟。

她在父母面前努力表现自己。比如，帮妈妈照顾好弟弟，妈妈会夸她两句；帮爸爸做了些活，会得到爸爸的赞许。于是，为了获得更多的爱，必须努力去讨好和迎合父母。她很敏感，不自觉地会观察留意父母的情绪变化、弟弟的需要。她会给弟弟制作他喜欢的玩具，讨弟弟的欢心。弟弟破坏了她的东西，她也不会表达生气。

即便现在，她仍然摆脱不了父母的影响，比如父母要求她为弟弟持续不断付出，她无法拒绝。这种盲目的付出必然引起自己家庭内部的矛盾，她知道自己不对，却无法拒绝父母的索求。她说自己就是电视剧里的"扶弟魔"。

对于熟人，她特别希望知道别人对自己的评价，并且总认为别人对她会有负面评价，自己有各种缺陷需要改正。别人无意的玩笑或正常交流程度的调侃都会让她觉得特别不自在，害怕别人对她有任何的负面评价。

对于陌生人，比如坐地铁时站在旁边的人、在图书馆坐在对面的人、因为公事打交道不会再遇见第二次的人，她都特别希望能给这些人留下好印象。她自己也觉得很荒谬，但是当她觉得别人的目光在她身上时，她就十分不自在，十分想把自己表现得尽善尽美一点儿。

这就是典型的讨好型人格。

******

讨好型人格（people-pleaser）的人往往一味地讨好他人而忽视自己的感受。在日常生活中，考虑其他人的感受并善待他人是一种优秀的品格。但是，如果一个人即使牺牲自己的利益也要使他人快乐则是不正常的表现。讨好别人已经越界，从善良和慷慨变成了自我放弃，因为害怕别人的批评或拒绝而压抑自己。

雅基·马森（Jacqui Marson）在其著作《可爱的诅咒：圣母型人格心理自助手册》中指出，生活中总会有这样一些人，他们将大部分精力都花在家人、朋友、同事身上，对陌生人也有求必应，一旦停止这样做，就会觉得非常内疚，仿佛受了一场"可爱的诅咒"。① 在他们看来，很多事情的优先级都高于自己的身心健康，结果是他们帮助了所有人，却让自己崩溃。

雅基·马森将这一类人称为"可爱的人"，而在心理学家的词汇库里，这些人具有讨好型人格。

---

① 雅基·马森：《可爱的诅咒：圣母型人格心理自助手册》，王丽译，九州出版社，2016。

　　具有讨好型人格的人通常特别在意别人对自己的看法，生怕自己做了什么别人不喜欢的事，于是做任何事情都小心翼翼，会因为自己的一个小错误而懊恼很久。也正因为讨好型人格的人很介意别人的评价，很怕被别人嫌弃，所以愿意委屈自己，以寻求内心的安全感。

　　讨好型人格的人另外一个特点就是不懂拒绝，害怕说不，被人欺骗、自己的利益受损也仍然选择默不作声，担心一旦拒绝，与别人的关系就会破裂，讨好型人格的人从来都不敢表达自己的需求。当然，他们做任何事情都以取悦别人为目的，既守不住界限，允许别人在自己的生活里指手画脚，又经常想要突破别人的界限，因此当讨好型人格的人渴望建立亲密关系时，常常因为别人不能满足他们的期待而受伤。

　　一个人总是喜欢把责任和问题归咎于自己，压抑自己的真实感受，这是一种自我折磨。他们由此获得良好的人缘了吗？答案常常是否定的！讨好他人的人很难获得别人的重视。人在潜意识中会避开看起来"不好惹的"人，而对不拒绝自己的人，则会将对方视为"剥削"的对象。讨好型人格的人很容易被人欺骗、操纵、洗脑、利用，甚至PUA。

******

　　为何有些人会出现这种人格特质呢？我尚未查到比较权威的研究和说法。很多观点倾向于认为这一特质是童年时的家庭环境造成的。 除了遗传，更多的观点认为这些人童年时在家庭中得到的关爱少，长大后受到的关注不够，因此未能形成自我，总是活在别人的"评价"中，为了赢得更多的认可和爱，宁愿放下身段和底线，去迎合他人。

综合现有的研究，造成一个人具有讨好型人格的原因主要在以下几个方面。

首先也是最重要的原因就是家庭因素。 正如前面中年女性的例子，他们的童年是孤独的，也缺乏安全感。 在他们渴望爱和关注的童年阶段，无法得到父母"无条件的爱"。 因为父母对他们的爱都是有条件的，只有当他们满足父母的需求、表现出父母期望的样子时才能得到父母的关爱和赞赏，他们才能感觉到自己是安全的。 如果相反，他们的行为没有符合父母的期望，就会遭受无情的否定和批判。

父母是孩子感受爱的最重要（如果不是唯一）来源，也是孩子心中最权威的对象。 父母就是孩子的小人国里高大的巨人，为了迎合父母的期望和需求，他们不得不隐藏自己的真实需求和感受。 在儿童期，如果得不到父母的爱，孩子的内心深处就会孤独而没有安全感。 他们无法独自面对和承受这份孤独和不安全感，唯一能做的，就是努力迎合父母的期望和需求，以此来获得父母的关注和赞赏。久而久之，这种迎合变成一种习惯，甚至会逐渐把父母的需求内化为自己的需求。 他们因此形成了这样的世界观：满足了他人的需求就等于满足了自己的需求。

其次，经历也会影响一个人性格的形成。 比如，在成长的过程中，周围的人都比自己优秀，虽然周围的人可能会带来一些榜样的力量，但是也可能造成相反的结果，让人感觉无论自己怎么努力都无法赶上他们。 或者，有的人在遭遇挫折以后一蹶不振，不仅否定自己的努力，还否定自己存在的价值，觉得自己比不上别人。 长期的类似经历会造成习得性无助，进而失去奋斗的动力，放弃努力，失去自信，最终导致讨好型人格的形成。

习得性无助（Learned Helplessness）是心理学家马丁·塞利格曼（Martin Seligman）提出的一个心理学概念。[1] 在 20 世纪 60 年代，马丁·塞利格曼根据巴甫洛夫的方案在狗身上进行了一番实验。 这位心理学家决定让狗对不舒服的声音产生条件反射，于是他采用了电击方式。

在实验中，他把狗关在笼子里，打开笼子的同时会发出声音信号并打开电流。 狗在试图逃离笼子时会遭到电击。 多次之后，当笼子再次打开，又开始发出可怕的声音的时候，狗不再急于逃跑，反而躺在地上。

塞利格曼又在两组狗身上进行了实验：一组肯定会遭受电击，另一组则可以通过按下按钮来拯救自己和它们的同伴免受电击。 几次

---

[1] Peterson, C. , Maier, S. F. , Seligman M. E. P. , *Learned Helplessness: A Theory for the Age of Personal Control*, UK: Oxford University Press, 1993.

重复后，笼子再次打开，只有那些学会按下按钮的狗才能顺利逃出笼子，而只能被动等待电击的狗甚至没有尝试逃跑，这表明它们已经陷入习得性无助。

一个长期处于不适状态、无法影响结果的人会变得抑郁和被动。换句话说，如果生活总是打你一巴掌，过了一段时间，你就会接受它，而且会停止试图改变它。

在对人类的观察实验中，心理学家也得到了与习得性无助类似的结果。细心观察，我们会发现，正如实验中那条绝望的狗一样，如果一个人总是在一件事上失败（如学习或工作），他就会在这件事上放弃努力，甚至还会因此对自身产生怀疑，觉得自己"这也不行，那也不行"，无可救药。

习得性无助会使人下意识地讨好别人，为别人付出，形成讨好型人格。

******

如何改变讨好型人格？

一个人在儿童时期无法选择父母，也无法选择父母的教育方式。但是，当有了一定的自主能力，就需要勇敢地与不好的状态和讨好型人格拉开距离，保持个体的独立性，然后在认知和行为层面调整自己。

讨好别人之前先讨好自己

如果一个人没有强烈的自我意识，往往就会忽视自己的感觉、想法和意见，以别人的想法、感觉或观点优先，会随大流，容易受到他人的影响。 这种人格特质的形成是由于在成长的过程中形成了错误的认知，并且内化为习惯。 要改变这种人格特质就需要用正确的认知替代错误的认知，而要将这种错误的认知替换掉，需要不断努力。

讨好自己，就是把自己的需求放在第一位，但这不同于自私，是不要为了照顾他人的感受而忘了自己的真实感受。 讨好自己首先要认识自己，要确定自己的感觉、想法和喜好，满足自己的情感、心理、精神的需求，以及更重要的，以满足自己的需求为最优先目标。 只有优先照顾和满足自己的情感、心理、精神和身体的需求，才能使自己保持健康。 当人的情感、心理、精神的需求没有得到满足，就会使身体过度消耗，就会使人感到疲劳、压力，甚至生病，而生病又会使人更脆弱，陷入抑郁和被动，这是一个恶性循环。

然而，认识自己不那么容易做到，讨好型人格的人由于过于关注别人而忽视自己，并且已经内化为习惯而很难改变，他们也许善于觉察别人的需求，却对自己的感觉不敏感。 这就需要不断地正向练习，将向外寻求安全感变为向内寻找自我。 只有深入认识自我，才能发现我是谁，我要去哪里，我如何去。 所以不想被别人操纵和利用，就要想清楚自己喜欢做什么，然后用行动去建设自己，这样内心才会越来越强大。

接受这个不完美的世界，不需要所有人都喜欢你

我们不能控制别人怎么想，也不需要在意别人怎么想。 实际上，大部分时候，人们对他人的生活没有太多的想法。 因此，少给自己一些压力，不要再因他人的眼光束缚自己。 一个人的价值不是由别人决定的，而是由所做的事的恰当性和创造的价值决定的。 做不好一件事时，与其因他人的评价苛责自己，不如总结教训、提升自己、不断成长。

友善不是不和他人发生冲突。 想要避免冲突是可以理解的，但冲突不可避免。 我们越是试图避免冲突，就越是需要压抑自己，也就越是与自我（兴趣、爱好、朋友、目标等）失去联系，这就是为什么讨好别人的人和依赖性强的人经常不知道自己想要什么或喜欢什么。健康的冲突，即双方彼此尊重的前提下在冲突中表达自己的想法和感受，可以解决分歧，带来更多的理解，最终加深彼此的关系。

学会说拒绝，建立边界意识

懂得拒绝是维护边界很重要的方式，不懂得拒绝别人，也就不懂得划出边界，容易被别人侵扰。 讨好型人格的人由于习惯了以别人的情绪为中心，很难说出拒绝的话。 改变习惯总是艰难的，但是要牢记，拒绝别人的时候，不用内疚，不用抱歉，因为他会找另一个能够帮助他的人，也总能找到解决的办法。

学会自爱,提高自信

真正能让一个人关注自我、自信起来的,是取得的成绩。 因此,只有提升自己的能力,获取成绩,才能真正树立自信,更好地面对挫折和失败。 不管是在生活中还是在工作中,遇到挫折,一定要恰当归因,并努力克服挫折,做出成绩,以此来增强自己的自信心和自我认同感,要认识到挫折是自我成长的阶梯。

> 测一测:你具有讨好型人格吗?
>
> 心理治疗师莎伦·马丁(Sharon Martin)归纳了讨好型人格的 15 个表现①,你符合其中的几条?
>
> 1. 你希望每个人都喜欢你。
>
> 2. 你过度道歉。
>
> 3. 你渴望得到认可。
>
> 4. 你让别人占你的便宜。
>
> 5. 当你划定界线时,你感到内疚或觉得自己卑鄙。
>
> 6. 你害怕冲突。
>
> 7. 你总是一个好女孩(或好男人),一个遵守规则的人。
>
> 8. 你认为考虑自己是可有可无的。

---

① 参见 https://www.psychologytoday.com/us/blog/conquering-codependency/202101/15-signs-youre-people-pleaser。

9. 你感到紧张、焦虑或处于边缘状态。

10. 你期望自己是完美的，并以高标准要求自己。

11. 你把自己放在最后，不知道如何提出自己的要求。

12. 你对批评很敏感。

13. 你认为你的感觉、需要、意见和想法不如别人的重要。

14. 你是一个"修复者"，你讨厌看到任何人受伤、害怕、悲伤或不舒服。

15. 你反感总是被要求做更多的事情，希望人们能考虑你的感受和需要。

第二章

谁是嫌疑人

嫌疑人就藏在你我一样的寻常人中，隐匿于茫茫大众之间。

越界：每个人心中都有暗面

王林是个热心肠，在公司里经常在自己能力范围内帮同事完成一些工作，他能完美解决很多别人感到棘手的问题。但是，他帮别人解决了大难题、完成了工作，别人却从来不心存感激，也不认为他做了好事。经过多番周折，王林终于明白了原因，当他帮别人解决了问题，别人会认为他是在邀功，显示自己比别人强！这让王林很苦恼。

在家里，王林也发现父母在利用自己。当年他考上市重点高中，父母说没有生活费，最终只能上普高。上大学后，更是靠助学贷款和打工挣来的学费和生活费完成了学业。但是，对于哥哥姐姐，他的父母完全不一样。哥哥结婚，父母拿出十几万元的彩礼；姐姐出嫁，父母又给了几万元的嫁妆。

王林工作后，父母说怕未来儿媳妇干涉不给他们养老，就让几个兄弟姐妹每月给他们几百元钱。但是，他后来才知道只有他每月给父母钱，他的哥哥姐姐甚至都没听过这事。显然，父母在利用他的善良。

无独有偶，有一位单身母亲，为了供养儿子，工作非常努力辛苦，生活又极其节约。 直到她遇到了一个十分迷人的男人，这个男人温文儒雅、脾气温和，做家务也是一把能手，甚至为了照顾好家庭，暂时辞去了工作，全心全意地照顾她和她儿子。 原本以为这是美好生活的起点，哪知道这是噩梦的开始。 很快他表露出可怖的一面。 他利用她对家庭和儿子的爱，促使她逐渐和最亲近的人疏远，最终变得完全依赖于他，而家庭暴力也随之而来，让她痛不欲生。不仅如此，这个男人还为她购买了大额保险。

******

生活中我们每个人都可能遇到这些人，因此需要知道哪些人可能会利用人的心理特点来欺骗、操纵、控制他人。

答案是所有人！ 每个人都有能力、有意图去影响、欺骗和控制他人，能够对我们实施操纵的嫌疑人就在我们身边。

民间有个说法，说乞丐不嫉妒富翁，只嫉妒比他混得好的乞丐。人的眼睛都只盯着周围几个人，同学、亲戚、老乡，熟人间不乏这样的人。 有时候一个人的好很容易被别人嫉妒。 职位高、孩子聪明、家人优秀、家庭幸福，都可能成为他人嫉妒的原因。

比如，同事，特别是上下级关系的同事，上级对下级天然具有支配权，很容易将这种支配权泛化。

家庭成员，父母对孩子的操纵。 父母可以决定孩子在爱、物质等方面的多寡。

伴侣或恋人，他们会影响和控制对方的喜好。恋人都想将对方塑造成理想的模样。

学术关系，比如导师对学生，导师对学生具有一定支配权和影响力，很容易将这种支配权泛化。

专业人士，比如医生、律师等，他们拥有信息不对等的优势，可以以合理的名义影响他人。

或许有人认为嫉妒、利用他人这些阴暗心理是一个人的操行、品质问题，这种认识并不全面，也存在侥幸。"自私的基因"更强调这种阴暗心理内在于人的遗传基因中，是一种本能反应。也就是说，每个人都会产生尝试改变、影响甚至操纵他人的想法。当然，这本质上不完全是坏的，甚至带有正向引导的性质。比如，父母尝试通过各种方式引导孩子向他们期望的方向发展；老师通过表扬、奖励等方式激发学生的学习动机、养成学习习惯；医生通过各种策略让病人能够遵照医嘱。这些影响带着善意，也体现他们尽职尽责。

然而，任何事情都存在一个"度"的问题，一旦越界，行为将显露其不好的一面。人性是经受不住考验的，只要有足够的机会和可能，每个人都会变成操纵、控制他人的恶魔。

很多人看过小说《蝇王》，故事主要讲述了一群六至十二岁的儿童因某些原因被困在一座荒岛上，他们起先尚能和睦相处，但是由于没有道德约束，恶的本性迅速膨胀起来，最终走向互相残杀的悲剧性结果。小说虽然是虚构的，但其对人性的刻画给人留下了深刻的印象。

日常生活中如何判别某种行为的边界？ 理论上，我们的判别要参考态度、行为的动机和采取的手段。 如果施加影响的人带着善意，能尊重他人自由选择的权利，使用合适且不冒犯的策略，则这一行为更多是正面的。 相反，如果施加影响的人带着满足自身私利的目的，剥削他人，手段上也带有胁迫的性质，那么这一影响就是负面的。

恰当地识别日常交往中对方的"越界"行为，认出这些想要欺骗、控制你的人，在他们的越界行为发生前就给予严厉的警示。 辨别那些想要操纵你的人的特征，对此类人提高戒心，以及发现某些越界而影响你心理和行为的人的特征，尽早避免，都可以有效预防此类行为的发生。

但是，在现实生活中，我们很难一眼就看穿他人的真实意图，即便是有着邪恶的目的，也可能披着善良的外衣。 善意的影响和恶意的欺骗、操纵、洗脑有时候不是那么容易区分，而且善意的行为有时也会把握不住界线而越界，这才是最麻烦的地方。 我们不知道对方何种行为属于越界。

但是，有一点可以肯定，深谙他人心理规律且尝试实施操纵的人，最重要的手段之一就是让受害者不相信受害者自己，让受害者怀疑甚至质疑自己的判断。 降低一个人的自信，是施加影响和实施操纵的第一步。 这就需要我们对此有所警惕和防范，并且在日常生活中进行适当的练习，他们也许行事隐秘，或是以善意的行为和谎言作为掩饰，但是，如果你在与某个人相处时感到对自己产生怀疑，就必须警惕了。

与人交往时，我们不能随意判断一个人的善与恶、好与坏。但是，无论一个人将自己的恶意隐藏得多么深，也总会有一些破绽，我们可以通过一个人的行为表现推测他的内心，或者通过微表情、微动作判断一个人的用意好坏。因此内心保持一份警惕，多学习心理学相关的知识可以帮助我们抓住这些恶人的"狐狸尾巴"。

事实上，善与恶的边界不是特别明显，在某些情况之下，善会转化为恶，恶也会转化为善。所以我们没有办法通过某些特定的行为和思想界定善与恶，但是有一些特殊的人格特质，会导致人们更容易显露人性黑暗的一面，我们需要对拥有这些人格特质的人保持足够的警惕。

著名心理学家德尔罗伊·保胡斯（Delroy Paulhus）曾经提出过"黑暗三角"（the Dark Triad）人格特质①，用以解释人为什么会表现出邪恶的人格特质。他指出，自恋人格、马基雅维利主义、心理变态人格的人，比较容易陷入人性的黑暗面，而那些同时拥有以上两个或多个人格特质的人，会有更大概率成为内心非常邪恶的人。

这类人群的共同特点是他们倾向于认为成功的关键在于操纵和利

---

① Furnham, A., Richards, S. C., Paulhus D., "The Dark Triad of Personality: A 10 Year Review," *Social and Personality Psychology Compass*, 2013, 7(3): 199.

用他人，他们为达目的可以不讲道德、不讲原则，认为人都是自私自利的，不相信人性的真诚和美好，这导致他们在利用他人时不会产生内疚感和负罪感，他们是道德无法约束的一群人。

******

对于这类"有毒的"人，我们能做的就是识别他们、避开他们、摆脱他们。经过学习和训练，我们能够很好地识别那些意图不纯或正在实施欺骗和操纵的人，这是自我保护的第一步。

那么，如果发现有人试图对我们实施欺骗、洗脑、操纵，又该怎么办？

我们必须记住，我们的目标不是去改变这些人，而是保护自己。也许有些人有着很高的道德要求，觉得自己有责任去改变这群人，那么我的建议是连尝试都不要去尝试。

现代心理学认为，个性或人格构成了一个人思想、情感及行为的特有模式，这种独特模式包含了一个人区别于他人的稳定而统一的心理品质，即人格是决定个体的外显行为和内隐行为，并使其与他人行为有稳定区别的综合心理特征。这一定义告诉我们，一个人的个性和人格是很难改变的，任何想要尝试改变一个人的个性和人格的努力大概率会以失败而告终，是没有意义的，反而会让他们调整自己，以更隐蔽的策略实施操纵和利用。

想要尝试改变他人，往往是高估了自己的能力。在对人与人之间关系的把控方面，普通人不太可能比一个实战经验丰富、技术娴熟、对人的心理有很深洞察的操纵老手更熟练。　并且，这本来就不是我们的目标。　记住，陷入被操纵和利用的局面时，核心目标是保护自己，而不是改变他人。

不用听任何解释。　被欺骗、操纵的受害者在意识到他人的欺骗、操纵行为后，第一反应通常是问"你为什么这么做？""你为什么这么对我？"目的是了解他们的动机，想搞清楚为什么自己会受到这样的对待。　但是，得到的回答往往也是谎言。　那些擅长欺骗和操纵的人会否定他们真实的动机或意图，用其他堂而皇之的理由掩饰，因此不可能得到真实的答案，只有天真的人才会尝试从他们的嘴里得到他们的真实意图。

那些欺骗、操纵他人的人，他们不在意自己的行为会给他人带来什么影响，他们所有的行为都是为了达到自己的目的。　越是尝试获得他们的合理解释，越容易陷入被操纵的角色里难以自拔。　因此，不要寻找无意义的解释，直接对这种行为报以回击或者赶紧逃离才是最恰当的策略。

要及时阻止操纵者的欺骗或操纵行为。　一旦意识到对方的意图或正在施加的过度影响，必须及时警示、拒绝，通过不服从、不配合、不让步等姿态阻止操纵进一步发展。　让他们的目的无法得逞。

当操纵者感觉自己的行为不再奏效的时候，必然会将目标转移到其他人身上。　对于试图实施操纵的人来说，采取更加隐蔽或更加激烈的策略远不如寻找一个新的目标容易。施加复杂的策略很难，如果有简单的选项，他们不愿意在一个人身上付出更多的努力。

因此，保护好自己的最佳方式是提高识别能力，能够精准地辨别有毒人群是抵御潜在操纵者的关键。将他们标记出来，这样就能够在他们施加影响之前阻止他们，也能够提前武装自己，让自己变得更强硬，甚至让自己不再是他们的目标。

亲密关系之间的利用和操纵是更加棘手的问题。可以回想一下，亲密关系带来的究竟是伤害还是愉悦？自己的需求在亲密关系中是否得到尊重？亲密关系中的两人是否达到彼此尊重的平衡？如果答案是消极的，那么唯一的可能就是亲密关系中存在操纵和利用，此时最好的选择就是逃离。现实中，那些尝试留在这种关系中的人，往往最后都生活得不快乐、不幸福。

在下面的章节中，我将列出一些善于欺骗、洗脑和操纵他人的人格特质，具有这些人格特质的人最有可能为了实现自己的目的而不择手段，他们更有可能成为操纵、欺骗、利用他人的人。但是，我们要说明，这些人格特质不是独立或单一的，一个人可能既具有某一种人格特质，同时又具有另外一种人格特质。因此，更多情况是，一个人可能是多种人格特质的综合体。

依据美国精神病学会的《精神障碍诊断与统计手册》①，善于欺

---

① 美国精神医学学会：《精神障碍诊断与统计手册》（第 5 版），张道龙等译，北京大学出版社，2015。

骗、洗脑和操纵他人的人格特质很多都属于人格障碍。 按照这个诊断标准，高于某个分数可以诊断为某种人格障碍。 但是，不是说某人必须达到诊断标准才应该警惕，而是一旦某些人具有这些倾向，即便他没有完全达到人格障碍的诊断标准，我们也应提高警惕。

为达目的不择手段：马基雅维利主义人格

某天你加班回家，收到同事抱怨加班的信息。 你知道他最近正忙一个项目，很多事情弄得他焦头烂额。 于是，你出于好心就想帮他一把。 你熬夜帮他完成了整个项目的规划。 过了几天，他的这个项目得到了领导赞赏，夸他的项目有独创性和可行性，客户非常满意。 但是，在领导当众夸他的时候，他毫不客气地把所有功劳揽下，对你的付出只字不提，而项目中受赞赏的几个点都来自你的构思。 你当时感到一股无名的委屈，觉得他特别自私。 会后他又向你表达了感谢，说要请你吃饭。 最终使你开始自我怀疑：我是被耍了，还是我小心眼？

严小姐最近陷入了自我怀疑。 她承认她的男友工作能力强，对她也很照顾，这让她觉得对方是一个优秀的对象。 但是，男友对她有许多要求。 比如，对于她的穿着打扮总是评头论足，不允许她吃垃圾食品，不让她和其他的男生过多交谈，不允许她和别人联机玩游戏，甚至还会筛选她看的书，理由听上去也正当：这些东西只会让生活无聊甚至堕落，对人生没有帮助。 严小姐无法反驳，甚至开始担心自己是否配得上优秀的男友。 最终，她变得越来越迎合男友的要求，开始改变自己的生活方式。 她以为这样做能换来男友的满意和赞赏，但是等待她的是男友越来越挑剔的要求。

黄磊是亲戚朋友眼中的成功人士，他有一家公司，亲戚朋友困难时他会慷慨相助，因此在亲戚和乡亲们眼中是个负责任的人，有不错的口碑。 很多人愿意把自己的积蓄放在他的公司，获取高于市场利率的稳定收益。 但是，有一天黄磊的公司突然倒闭，他带着钱跑到国外，杳无音信。 实际上，公司是他多年来设下的局，目的就是一步步获取信任，最终攫取大家的财富，他声称自己的项目很赚钱，向亲戚朋友集资。 最终，当亲戚好友如梦初醒，却无处投诉。 周围人都吃惊于他可怕的算计和难以想象的黑暗心理，为了钱可以伤害所有亲戚朋友。

******

如果你曾经遇到或者正在遭遇以上几种情况之一，那么大概率你身边的这个人就具有马基雅维利主义人格。

要理解什么是马基雅维利主义人格，我们首先要了解马基雅维利主义(Machiavellianism)。 这个主义是以马基雅维利的名字命名的。

马基雅维利(Machiavelli, 1469—1527)是文艺复兴时期意大利的政治家和外交家。 他写过一本很著名的书《君王论》。 他认为，人类愚不可及，总有填不满的欲望、膨胀的野心；人总是受利害关系的左右，趋利避害，自私自利。因此，在这个社会上，利他主义和公道都不存在，人们偶尔行善只是一种伪装，是为了赢得名声和利益。即使最优秀的人也容易腐化堕落，因为作恶事总是更有利于自己，讲假话更能取悦别人。马基雅维利认为，一个国家可以采用任何必要的手段实现外交目标和政治路线，而不必考虑其是否符合道德。

1970 年，心理学家 Christie 和 Geis 提出了一种独特的人格类型，即马基雅维利主义人格。① 这一类人的行为非常符合马基雅维利主义的行为模式，其特征是操纵欲强、对人性充满怀疑、行事风格精明自私。

在现代心理学中，马基雅维利主义者满嘴谎言、热衷于操纵他人、主张人性本恶。有学者将其称为西方的"厚黑学"，他们发现利益诱惑对厚黑行为产生影响，一致认为马基雅维利主义者（具有马基雅维利主义人格的人）肆无忌惮地操纵他人谋取私利。②

综合来看，马基雅维利主义者主要有以下几个特征。

在人际关系中缺乏正常情感

对于普通人而言，伤害别人的时候，自己也会面临巨大的心理压力，会感到愧疚和自责。但是，马基雅维利主义者不同，他们就喜

---

① Christie, R., Geis, F. L., Berger, D., *Studies in Machiavellianism*. New York, NY: Academic Press, 1970.

② 汤舒俊、郭永玉:《西方厚黑学——基于马基雅弗利主义及其相关的心理学研究》,《南京师范大学学报》(社会科学版) 2010 年第 4 期。

欢做这种损人的事情，并且热衷于陷害和欺骗别人。他们能够在伤害和损害别人利益的过程中得到强烈的快感。

心理学家就此进行了许多相关实验，被试者被指派无聊的工作，他们的"报酬"是惩罚他人的机会。实验过程中，一部分人因无聊而放弃报酬退出实验，但还有一部分人坚持了下来，无聊的工作并没有让他们退出，他们的目的就是为了获得惩罚别人的机会。这个实验也许令人匪夷所思，但是它反映的就是在我们的生活中，以损人为乐的人确实是存在的，他们不出于什么特殊的目的，仅仅是因为想要伤害别人，他们的乐趣就是伤害别人。①

缺乏对道德的关注，对他人持功利性目的

马基雅维利主义者重视实效，在情感上与人保持距离，相信结果能替手段辩护。马基雅维利主义者操纵他人，目的是为自己赢得更多利益，并且他们认为这样做天经地义。因此，他们擅长说谎，即便做错了事也没有道德上的愧疚感，因为他们觉得伦理与道德是为弱者服务的，有权势的人或者想要获得成功的人完全可以不受其约束，为了达到目的可以随意说谎、欺骗和背叛，并对此感到心安理得。

---

① Monaghan, C. , Bizumic, B. , Sellbom, M. , "The Role of Machiavellian Views and Tactics in Psychopathology," *Personality and Individual Differences*, 2016, 94: 72-81.

对他人持工具性而不是理性观点

在马基雅维利主义者的价值系统中，金钱重于一切，权力重于任何人（自己除外），地位重于道德，其他人存在的唯一价值是可以为我所用，所以他们时刻想的是这个人对自己是否有好处，对他们来说他人只是达成目的的工具。在感情上，他们当然也会因为喜欢一个人而跟其交往，但即便在亲密关系中，他们也仍然更重视工具性价值，如果对方有工具性价值，他们就算心生厌烦，也会不露声色地经营和对方的良好关系，如果没有，他们就会抬脚就走。

只关注眼前的利益,不关注长期目标的达成

一个人如果更多采取压榨、利用他人的策略，必将迎来周围人的不满和疏远。但是，马基雅维利主义者可不管这些，他们的目的就是获得眼前的利益，至于长远的目标，到时候自然有办法。这种只顾眼前利益而不管长期个人形象的做法也使他们很容易被识别出来。

马基雅维利主义人格具有跨文化性

很多人可能会说，我们是文明之邦，推崇仁义礼智信，我们文化里应该很少马基雅维利主义者吧？ Christie 和 Geis 指出，马基雅维利主义是一种跨文化的人格特质，在各个文化中都普遍存在。特别是在社会转型的背景下，人们的信仰和价值观念容易出现断层，马基雅

维利主义更容易获得生存土壤。

一些跨文化研究也证实了这一观点。比如，一项对中国台湾和美国大学生的对比研究发现，中国台湾大学生和美国大学生在量表得分上无显著性差异，这意味着处在不同文化的两个群体的厚黑程度相仿，只是由于文化种族的差异，在具体项目上的表现有些不同。进一步的分析表明，中国台湾被试者在阿谀奉承、使奸耍诈等行为策略上的得分较为显著，属"厚黑在行"；而美国被试者则对人性恶更加认同，属"厚黑在心"。[①] 仔细观察，我们会发现身边见利忘义、尔虞我诈、恩将仇报等让人不齿的行为屡见不鲜，历史故事中更是充斥着各种权谋，更有甚者，这些行为还广受赞誉，甚至得到一些人的效仿。

目前，我国经济迅速发展，社会急剧转型，原有的伦理和道德面临激烈的挑战，金钱至上的观念、只要结果不管过程的思想存在巨大的市场。在这种社会环境下，马基雅维利主义者有更合适的生存土壤。

******

马基雅维利主义者是操纵、欺骗他人的惯犯。他们很少冲动，擅长理性分析，能从心理层面利用、操纵他人以达到自己的目的。

---

① Hwang, H., Marsella, A. J., "The Meaning and Measurment of Marchiavellianism in Chinese and American College Students," *The Journal of Social Psychology*, 1977, 101(2): 165-173.

如果马基雅维利主义者熟练掌握心理学的精髓，他们必然在生活中成为高超的操纵他人的能手。

可怕的是，马基雅维利主义者往往很吸引人，非常容易给人留下好的第一印象。他们自信、口齿伶俐，与人交往给人非常好的感觉。他们对外形象维护得非常好，常得到周围人"沉稳""冷静"等正面评价，而真正面对利益纠葛时，却可能毫不客气地将他人置于死地。

如何通过日常行为分辨谁是马基雅维利主义者呢？主要从以下几个方面入手。

是否能维持长期关系

一个人即便能够靠欺骗得到短期利益，人们仍然可以很快看透他的本质，进而警惕、疏远他。俗话说"路遥知马力，日久见人心"，人和人刚开始相处的时候，展现给对方的都是好的一面，会把自己的缺点隐藏起来，但是在长期的相处中，一个人的性格、品德就会慢慢显露出来。拥有马基雅维利主义人格的人或许靠花言巧语和自信的表现能够暂时吸引人们，但是他们往往很难长久地维持一段友好的关系，毕竟人都不是傻子，经过几次被支配、被欺骗，人们都会认清其嘴脸。

是否喜欢说谎

普通人说谎时因为害怕被识破，会有相应的情绪反应，内心都会感到紧张，所以常伴随着一些行为表现，比如握紧双手、拉开距离、眼神闪烁等。但是，马基雅维利主义者在说谎的时候并不调动情绪反应，甚至表现得异常自信、眼神坚定。因此很难简单地通过观察一个人的行为表现识别他们。

这就需要更多地运用逻辑进行推敲。通常说谎的人逻辑是经不起推敲的。说一个谎，往往需要很多个谎来圆，这样就难免出现漏洞。一个人的思维再缜密，一旦说谎就会露出破绽，因为说谎之后事情发生的变化会超出预料，需要编织更多谎言匆忙弥补，这样一来就会漏洞百出，总会留下谎言的蛛丝马迹。

是否牺牲周围人来满足自己

奥登在《染匠之手》里说，一个自私的人是牺牲别人的利益从而满足自己欲望的人①。牺牲他人的利益来满足自己欲望的人是可怕的，我们也可以通过观察这种行为识别马基雅维利主义者。对于拥有马基雅维利主义人格的人来说，别人只是工具，要么有用，要么无用，他们的情感只有对自己的怜悯和对他人的仇恨。

※※※※※※

现实中很多人看上去一切正常，但是，他们很可能就是马基雅维利主义者，如果一个人脑袋灵活又缺乏伦理约束，那么这个人将

---

① W. H. 奥登：《染匠之手》，胡桑译，上海译文出版社，2018。

会很可怕，更可怕的是，他们就在我们身边，我们却难以辨别他们。

他们做什么事都有很强的目的性，且非常有效率，可以随时牺牲他人的利益，别人全是他们的垫脚石。只要往上爬，可以找各种理由。我们能做的就是离这些人越远越好，逃不掉就保持距离，千万不要试图改变他们，因为人格特质是一个人稳固的特征，一旦形成很难改变。

如果实在无法摆脱，那么少打交道。设置底线和边界，一旦超出，绝不妥协。不要高估自己的能力，低估对方操纵你的决心。因此，建立清晰的边界并坚决捍卫是一个必须要坚决执行的过程。

全世界都围着我转：自恋人格

林佐小时候就是学校里的尖子生，在高中的时候成绩优异，多次代表学校参加各类竞赛。他自己也认为自己的水平已经超越了小镇和城郊的同学。他喜欢前卫音乐，尝试学习很少有机会使用的拉丁语，喜欢一些冷门的运动，比如水球。因为他看到报纸上说，欧美一些私立学校的招生标准上有这一项运动。当然，他不是为了上这些学校，只是为了让自己与其他人相比显得与众不同。他总是看不起他所在学校的那些他认为的"普通"同学，这导致他一直以来几乎没有什么朋友，并十分自负。

后来，他考上了一所国内很有名的大学，林佐认为自己优秀且独一无二的想法变得更加强烈。他的交友标准开始变得严苛，甚至对对方父母的身份都要进行调查。他在课堂上反应敏捷、口才很好、非常聪明，他经常撒谎，说他的各类知识来自他的父亲，他说他的父亲是一名杰出的教授。实际上，他的父亲是一个家庭便利店的店主，也并未有他吹嘘的丰富知识。

工作后，尽管他能力突出，但是所有与他有过合作的同事都感觉与他合作不是一件愉快的事情。他经常对别人的行为指手画脚，因为一点小错而责备大家；他甚至会刻意制造混乱让同事相互攻击，而他则从中受益。

李峰小时候有一段时间跟着爷爷奶奶。祖辈认为最重要的是保证他的人身安全，只要不哭不闹，其他的都尽量满足他。这逐渐养成了李峰唯我独尊的性格。长大后，他的许多表现也带着儿时的影子，比如他对他人的行为，就是儿时对待爷爷奶奶的样子，他把别人当作仆人一样，指手画脚。而对待上司，则是被夸奖就笑，被批评就哭，几乎就像幼儿园里的小朋友受到老师表扬和批评的表现。

在对待他人上，他一方面表现得迷人、自信，言语经常用词浮夸又刻意讨好，还不时伪装脆弱博取同情。他吹嘘自己的学识，自诩为经济学家、诗人、哲学家、记者、作家，等等。另一方面，李峰对自己的行为深为不满，不愿面对自己假想的形象与现实中的真实形象的差距。

******

在日常生活中，"自恋"这个词汇很常见，比如，描述一个男生吹嘘自己的时候用"他有些自恋"，或者在说一个人自我感觉良好的时候用"不要这么自恋好不好"来调侃。这时候，"自恋"一词更多带有调侃的意味。

在心理学上，自恋是一种过度关注自己并带有自我崇拜的心理状态。自恋本是一种很正常的心理现象，人每天关注的信息大多与自己相关。他人的成绩一两天就淡忘了，自己创造的成绩则会牢记一辈子。因此，不断创造成绩的人非常容易产生一种牢固的自我良好的感觉，甚至自我膨胀。

人也会低估他人的付出，而高估自己的努力，这就是自我感觉的偏见。比如，如果问观众在比赛中拿到奖牌的运动员的日常训练有多辛苦，答案可能 8~9 分，但让他们自己咬牙围着操场跑完三圈，他们会认为自己的辛苦值超过 10 分。同样道理，看到网络上的大 V 们拥有几百万的粉丝有人可能觉得当网红竟然这么简单，但当真正自己去做的时候，会发现涨粉十分困难，并且网红还要面临网暴、隐私泄露等。

因此，自恋是人的一种正常的心理状态。但是，如果自恋变得过度极端，就会变为病态，发展成为自恋人格障碍。它是一种自大（幻想或行为上）的、极度渴求外界认同而缺乏共情的人格障碍。自恋人格障碍具有两个核心表现。

过度以自我为中心

自恋人格障碍者的突出特点是认为外在的一切事物都指向自己。 在林佐的例子中，他认为自己是独特的、非同一般的。 然而，当这种独特性不能体现出来的时候，他做出了一些出格的行为，刻意让自己显得独特。 自恋人格障碍者对自己过度关注，他们相信自己是特别出众甚至独一无二的，同样也期待他人能这样看待自己。 由于太过以自己为中心，他们在生活中容易忽视他人的感受。 他们认为自己是令人钦佩的，是最优秀的，应该享受特殊待遇。

自恋人格障碍者对他人的感受漠不关心，缺乏同理心，并且对亲密关系的需求很低。 他们行动的最大特点就是"一切人都得围着我转"。 由于"以我为核心"的感觉非常强烈，当这种感觉稍有挫折时，他们就会敌视他人，在任何时候都认为自己就是核心，应该得到最好的东西。

过度夸大自己的价值

自恋人格障碍者经常会沉浸在无止境的对成功、美貌、权力的幻想中，对自我价值感的夸大也常常建立在幻想之上。 他们借助无拘无束的想象体验深厚而广泛的自我良好感，而这种深厚而广泛的自我良好感会反过来促使他们进一步加深自恋程度。

但是，现实和理想往往相差很大！　自恋人格障碍者的内心往往潜藏着极度脆弱的自尊心，在夸张的自大之下其实是脆弱的低自尊。这就造成一种矛盾现象：在外人看来他们明明拥有比普通人更好的成就、更幸福的生活，但是他们不但不知道满足，而且会不断通过吹嘘、想象抬高自己的形象。　前面例子中的李峰吹嘘自己是各种学者，实际上是他对现实中的自我形象不满，对成功、名誉、地位等的一种幻想。　这种将自己的潜能夸大、拒绝承认自己的真实形象的自我陶醉，会造成对自我形象的认识与现实差距较大，不满自己的真实形象。

******

自恋人格障碍者很容易成为操纵他人的人。　自恋人格障碍者的重要特征是自私自利、虚荣心强，为了满足自己的需求，他们会不断地从别人身上获取自己需要的东西，包括物质的和精神的，对身边的人造成各种各样的伤害，甚至热衷于欺骗和操纵他人。

自恋人格障碍者具有一种"应得权力感"，他们感觉自己应该被拥护、被赞美，他们认为自己对别人具有支配权。　这些都有可能促使他们去操纵、欺骗他人。　在人际交往中，他们觉得自己不需要承担任何回报他人的责任，他们期待别人会毫无所求地给予他们特殊对待。 这种"应得权力感"使他们不自觉地利用他人获取自身利益。

自恋人格障碍者希望所有人和事都以自己的意志为转移，但他们迟早会发现自己并不完美，世界也不以自己为中心。 当自恋人格障碍者发现自己并不能真的如同想象中那么完美的时候，就会产生一种自卑感，无法接受自己的不完美，会产生很多消极情绪，而缓解消极情绪最快速的办法，就是转嫁情绪，通过利用和伤害他人把这些痛苦和焦虑转嫁给别人。

自恋人格障碍者缺乏同理心，不愿认同他人的情感，不愿承认他人的优秀。 他们会无限夸大自己的成就和才干，认为自己是特殊人才，在遇到比自己更成功的人时会心生嫉妒。 自恋人格障碍者会以傲人的态度对待批评，任何对他们的表现做出消极评价的言论都会被他们否认。

为了达到目的，自恋人格障碍者会蔑视和践踏道德、规则。 他们非常渴望认同，他们渴望能够为所欲为，从而生出对他人、甚至法律的蔑视感。 他们会沉湎于无限成功、权力、光辉、美丽或理想爱情的幻想。

为了满足自己的幻想，自恋人格障碍者经常会粗暴地贬低他人以凸显自己的价值。 他们控制他人的方式是挑错、贬低，不愿意认同他人的想法，甚至会为了刻意显示自己的与众不同而提出不同的意见。 在家庭中，他们要求妻子无条件地听从自己，不能有任何异议，他们也不能和孩子平等相处，经常将自己的意志强加于孩子身上，亲子之间往往矛盾重重。

****

如何应对自恋人格障碍者？

和前面其他的人格特质一样，别指望用感动换取他的真心

自恋人格障碍者的世界只有自己，无法感受也无法相信他人。无论别人为他付出多少，哪怕付出自己的青春、金钱、精力都会被他认为是自己应得的，不值得他感动。自恋人格障碍者都有明确的目标，他们的行为没有底线。不要被他们的行为迷惑双眼，因为他们一旦感觉你没有任何价值，就不会再维持这段关系。

保持清醒，必要时及时脱离这段关系

自恋人格障碍者很会衡量利弊得失，在觉得对方有利用价值时会对对方无限好，他们很会洞察人性，与人保持联系不过是因为对方有利用价值，一旦目标达成就会寻找下一个目标。

不要尝试改变或唤醒自恋人格障碍者

自恋人格障碍者很难正视自身的问题。有研究表明，自恋人格障碍者脑子里的某些感知部分是缺失的，是具有生理基础的心理特

征，并且这种缺失很难治愈，而他自己很难认识到自身的问题。 就连心理专家都很难改变自恋人格障碍者，普通人一定不要有改变他们的幻想。

测一测：DSM-5对自恋人格障碍的诊断标准

自恋人格是一种自大的（幻想或行为上）、需要他人赞美且缺乏共情的心理特征，开始于成年早期并存在于各种背景中，表现为下列至少五项（或更多）症状。

1. 具有自我重要性的夸大感（例如，夸大成就和才能，在没有相应成就时盼望被认为是优胜者）。

2. 幻想拥有无限权力、成功、才华、美貌或理想爱情。

3. 认为自己是特殊的和独特的，只能被其他特殊的或地位高的人（或机构）所理解或与之交往。

4. 要求过度的赞美。

5. 有一种权力感（即不合理地期望特殊的优待或他人自动顺从）。

6. 在人际关系上喜欢利用他人（即为了达到自己的目的而利用别人）。

7. 缺乏共情，不愿意识别或认同他人的感受和需求。

8. 常常妒忌他人，或认为他人妒忌自己。

9. 表现出傲慢的行为或态度。

真正的坏人：反社会人格

传统上人们认为的"黑暗三角"人格特质分别是马基雅维利主义人格、自恋人格和精神变态人格。我们已经介绍了前两个。在美国精神医学学会出版的第五版《精神障碍诊断与统计手册》（DSM-5）中，精神变态被归为反社会人格。因此，我们在这里也用反社会人格这一术语来描述。

依据 DSM-5 的定义，反社会人格是一种漠视或侵犯他人权利的心理模式，它始于儿童或青少年早期，并持续到成年。它又被称为心理病态、社会病态或逆社会型人格。由于欺诈和操纵是反社会人格的核心特征，可以综合系统性临床评估所得的信息和从辅助性来源所得的信息识别反社会人格。①

在现实中，人们还会经常用到精神变态、心理变态这些词汇。这里的"变态"一词是指英文的"abnormality"，直译是"非常态"，通俗地称为"变态"。它是一个比较广泛的概念，包括情绪失控、共情能力不足、自我封闭、冷漠无情等，只要与"正常"存在区别的特质都可以称为"非常态"。

心理变态的人有一个共同的特点，就是能够使普通人快乐的事情是无法让"心理变态"的人感受到快乐的。他们只能通过一些特殊

① 美国精神医学学会：《精神障碍诊断与统计手册》（第5版），张道龙等译，北京大学出版社，2015。

的行为才能获得强烈的快感（包括伤害他人）。他们会为了满足自己的需求而伤害他人，将自己的快乐建立在他人的痛苦之上，而且他们无法感受到正常人的痛苦，看到别人痛苦，他们的内心只有畅快。

我们首先强调一点，反社会人格障碍者（具有反社会人格的人）在现实中我们可能较少遇见（患病率在 0.2%～3.3%，男性发病率高于女性）。但据推测，在某些特殊环境或人群中，反社会人格障碍者的比例非常高。应该引起我们警醒的是，尽管达到反社会人格障碍诊断标准的人不多，但是具有这种倾向的人却可能广泛存在我们的周围，这些人是我们要防范的重点。

识别这些人有时候有些困难，因为他们的表现通常具有迷惑性。反社会人格障碍者给人的第一印象往往非常好。比如，他们非常自信，带着强烈的个人见解，日常谈吐不俗，看起来非常迷人。但是，良好的行为之下，反社会人格障碍者缺乏同理心、自我极度膨胀。

反社会人格障碍者主要有以下几个特征。一个人可能具备其中一个或多个特征，也可能在程度上存在差异，无论哪种倾向，都值得我们警惕。

缺乏同理心，毫无畏惧

很多反社会人格障碍者抗压力强，在面对挑战时表现得无所畏惧，非常重要的原因是他们无法恰当感知恐惧，他们从来不考虑后果和责任。这一特征同样会延伸到对待他人上。反社会人格障碍者常常对他人的感受和痛苦无动于衷，他们无情、愤世嫉俗和蔑视规则，自我膨胀和夸大，他们做不道德的事的时候，不仅毫无罪恶感，而且还会感到愉悦。

缺乏责任感，冷酷卑劣

反社会人格障碍者经常会表现出极端的不负责任，他们从来不会反省自身行为的后果。他们常常不支付债务，欠钱不还，对于依赖他们的人，反社会人格障碍者也具有很大的不确定性。反社会人格障碍者是不负责任的父母，他们常常照顾不好年幼的孩子，或者反复挥霍家里的钱财。

不遵守社会常规，缺乏自控

反社会人格障碍者从来不遵守规则，道德更是对他们毫无约束力。他们可能反复打破社会规则，甚至违反法律，比如破坏财产、骚扰他人、盗窃或从事非法职业。他们通常冲动地做出决定，既不事先考量，又不考虑对自己或他人的后果。他们倾向于表现得易怒和具有攻击性，可能反复斗殴或攻击他人。

为了获得个人利益不惜欺诈或操纵他人

反社会人格障碍者看好的东西都急于得到，他们从来不等待。

这导致他们无法有效延迟满足。为此，他们可能反复撒谎，并对此毫无愧疚。他们在做出伤害、虐待或偷窃的行为后满不在乎，或者对行为的有害后果轻描淡写。他们一般不能为自己的行为做出补偿，也从不悔改。

******

反社会人格障碍者在日常生活中是操纵、撒谎、欺骗、PUA 的高手，他们能熟练地使用魅力和气场来欺骗、操纵、PUA 他人，他们能毫无悔意和内疚感地撒谎，他们欺骗的手段炉火纯青，他们会经验老到地操纵利用他人。

他们就不怕被揭露吗？是的，即便一切被揭穿，他们也会大事化小，小事化了，毫不在意，他们会用各种冠冕堂皇的理由将自己的行为合理化，甚至认为这一切都是别人的错："谁让他们太笨，太容易上当。"因为，在他们心里，这些愚蠢的人即便不被自己利用，也会被其他人利用。

目前，反社会人格的形成机理尚不清楚。遗传、发育和环境都被证明发挥了部分作用。研究发现遗传因素在其中发挥重要作用，某些人格特质会显著增加患病风险。父母有反社会人格，孩子具有反社会人格的概率就会增加。在大脑发育过程中，某些部位受到损伤或者有缺陷，导致大脑功能损伤，都可能增加患病风险。环境因素方面，童年阶段被虐待或被漠视会增加一个人成年后患有反社会人格障碍的风险。

针对反社会人格，目前有什么有效的治疗和应对策略？ 到目前为止，美国食品药品监督管理局尚未批准任何一款治疗这一障碍的药物。 有些临床医生会依据患者的特征开一些抗抑郁药、情绪稳定剂或非典型抗精神病药物等，目的是治疗冲动、焦虑、抑郁等症状，但到目前为止仍缺乏特定的针对反社会人格障碍的药物。

在日常生活中，人们将这些人归为"坏""缺乏责任感"等，而不是认为反社会人格障碍是一种心理疾病，甚至很多时候人们认为可以通过教育感化这些人，让他们悔改，但是连精神病医生都对反社会人格障碍束手无策。 因此，我们普通人想感化或让他们悔改是极其困难的，我们要做的是远离这些人，和他们划清界限。 至少，我们在心里对这些人要有明确的认识，能够对他们的行为有足够的警惕，防止成为他们操纵和控制的牺牲品。

测一测：DSM-5 对反社会人格障碍的诊断标准

1. 一种漠视或侵犯他人权利的普遍模式 (始于 15 岁) 表现为下列 3 项 (或更多) 症状：

(1) 不能遵守与合法行为有关的社会规范，表现为多次做出可遭拘捕的行动；

(2) 欺诈，为了个人利益或乐趣多次说谎，使用假名，诈骗他人；

（3）冲动或事先不制订计划；

（4）易怒、具有攻击性，表现为反复地斗殴或攻击他人；

（5）鲁莽且不顾他人或自身的安全；

（6）一贯不负责任，经常不能坚持工作或不履行经济义务；

（7）缺乏懊悔之心，表现为做出伤害、虐待或偷窃他人的行为后显得不在乎或合理化。

2. 个体至少 18 岁。

3. 有证据表明品行障碍出现于 15 岁之前。

4. 反社会行为不仅出现于精神分裂症或双相障碍的病程之中。

诊断标准 2 的解释：个体必须年满 18 岁，方可给予此诊断。18 岁之前通常认为是品性不良或品行障碍。

对诊断标准 3 的解释：必须在 15 岁之前具有品行障碍的一些症状的病史。品行障碍包括反复而持久的对他人基本权利或对适应其年龄的主要社会规范或规则的侵犯。

只有满足以上所有要求，才可以诊断为反社会人格障碍。

不受控制的情绪与冲动：边缘人格

小李的女朋友是一个缺乏安全感的人，他经常对小李说担心被他抛弃。为了安抚女朋友，小李花更多时间陪伴她，包括减少不必要的出差，还向她保证自己会一直爱她。两个人关系好的时候如胶似漆，此时小李会感到很幸福，但是有时候女朋友会性情大变，从一些鸡毛蒜皮的小事上升到指责他不负责任、对自己毫不关心。这时候，小李会觉得很委屈，因为自己并没有做错什么，他努力向女朋友解释，但结果往往是他越解释，女朋友情绪越激烈，动不动就提分手，直到他完全将所有错误揽在自己身上为止。

每次争吵过后，小李都有一种离开女朋友的强烈冲动。而这时，女朋友似乎完全忘记了自己发脾气的事情，对小李特别温柔体贴，说他是最理解和疼爱自己的人，两个人的关系似乎又恢复到甜蜜状态。

在两个极端之间摆动让小李接近崩溃。他非常迷茫，不知道该如何处理这段关系。他最初看到女朋友发脾气认为是自己的错，于是一再让步。但他最终发现自己在这段关系中已经失去太多，自己无论怎样退步都难以满足对方的需求。小李担心自己的离开会让女朋友做出极端行为，但是他也无法接受情绪反复起落，更可怕的是，在一次次退让中，为了满足女朋友，他早已失去了太多自我的东西。

******

小李的女朋友符合边缘人格具有的特征。边缘人格中的"边缘"一词可能容易让人误解是指处于精神疾病或精神崩溃的边缘，它实际上描述的是一种人格特质，拥有这种人格的人通常表现为具有非常不稳定的人际关系、不断变化的自我形象、难以控制的情绪波动和冲动行为等。① 在日常生活中，此类人情绪不稳定，常常因生活小事而出现愤怒、暴力冲动，不能保持理性思考，经常与人发生摩擦。

边缘人格具有相对固定的行为方式，它可能与遗传、大脑或神经发育不成熟、神经递质异常、创伤经历等因素相关。 追溯很多具有此类人格的人的经历，都报告有过受伤的情况（当然这也可能是他们杜撰的）。 更形象地说，边缘人格障碍者（具有边缘人格的人）是一群安全感被打碎的人，觉得周围的环境充满了威胁，这也是他们容易冲动的原因。 边缘人格障碍通常表现出以下几个方面的特征。

情绪上不稳定，容易冲动

边缘人格障碍者情绪不稳定，而且容易冲动，行为常常不受控制。 他们非常害怕被抛弃，他们愿意付出一切代价避免分离。 因此，他们对于一切拒绝的信号都会认为是自己的安全感受到威胁，进而产生歇斯底里的反应，比如突然发怒、大发脾气，对他人的安慰和关心有时候会表现出喜出望外。 这些情绪的剧烈变化让人难以捉摸。

---

① 美国精神医学学会：《精神障碍诊断与统计手册》(第 5 版)，张道龙等译，北京大学出版社，2015。

行为上过于放纵和挥霍

为了获取关注，边缘人格障碍者常常会做一些比较夸张的事情，以此激起他人的关注，同时让自己获得一种存在感。比如，他们可能会暴饮暴食，也可能无节制地吸烟或者无必要地熬夜，仿佛失去了基本的自我控制能力，整个人的行为活动都处在失控状态。边缘人格障碍者通过这些方式证明自己切切实实地活着，其实，无论是放纵的生活，还是无节制地挥霍，都是为了麻痹自己。边缘人格障碍者内心不能给自己提供了一个安全稳定的环境，容易表现出躁动不安的样子。

人际交往上缺乏广泛的人际关系

边缘人格障碍者常常把情感寄托在几个特定的人身上，如果他们觉得这几个人不关心、不照顾自己，他们就会表现出崩溃的情绪特征。他们缺乏建立广泛人际关系的勇气，只依赖几个特定的人，可是事实上，他们眼中这几个特定的人并不能满足他们内心的需求。当这几个特定的人离开他们时，他们就会出现严重的焦虑反应。

社会关系上无法分清自己的社会身份

一个人在社会上具有多重身份，比如子女、父母、朋友、员工、老板，每一种身份都有清晰的界定。但是，边缘人格障碍者缺乏识别社会身份的能力，他们无法分清自己的身份，导致个体很难处理各种复杂的人际关系。他们难以融入社交，内心具有很强的被抛弃感。

******

边缘人格障碍者如何控制他人？

边缘人格障碍者主要通过唤起负性情绪的方式迫使对方让步，进而达到控制和操纵他人的目的。他们会形成一个理想的认知，比如认为自己的恋人或伴侣是自己见过的最好的人、最贴心的人，但是一旦觉得对方对自己不够关注，或者某些细节上对方没有理解他们的需求，就会产生失望的情绪。这种病态的行为表现，暴露了他们潜意识里的不自信。他们一反常态的暴怒等剧烈情绪反应会让对方措手不及，以为自己做错了什么，于是会在行动上做出一定的让步，甚至被操纵和欺骗。

边缘人格障碍者最常用的操纵手段是"情绪勒索"，由苏珊·福德（Susan Forward）在 1997 年提出，它指的是如下行为：如果不按照他们的意愿行事，他们就会用直接或间接的方式实施惩罚，只要不按照他们希望的方式做事，他们就会让人没有安宁的日子。就像孩子发脾气："如果你不给我买玩具，我就一直哭。"边缘人格障碍者还会通过惩罚自己来要挟别人："你不答应我，我就死给你看。"

和边缘人格障碍者打交道就像乘坐过山车，情绪会经历飙升和跌落，一会儿平静如水，一会儿火山爆发。更可怕的是，这些转变都是在极短的时间内发生的，让人无法预期，更难以理解。为了平复边缘人格障碍者的失控情绪，很多人选择妥协、答应他们的要求，以换取他们恢复常态。

这导致很多人感觉自己被利用了，时间久了就会认清其真实面目，进而选择敬而远之。无论边缘人格障碍者是为了控制他人，还是因内心深处的孤独与绝望而期望获取他人关注，他们的行为带来的结果都是负面的，最终会影响他人的行为和选择，对他人造成极度负面的影响。

我们介绍了几种容易操纵、利用、欺骗、PUA 他人的人格特质，以便我们能在日常生活中识别具有这些人格特质的人，并进一步提高我们防备的能力。但是，我们必须再强调一遍，所有人都有控制、利用、欺骗他人的意图，只是很多人没有机会实施，或者暂时还没有这个条件，只要给予机会，每个人都可能成为利用他人的高手，千万不要低估了人性中的恶。

测一测：DSM-5 对边缘人格障碍的诊断标准

1. 极力避免真正的或想象出来的被遗弃（注：不包括诊断标准第 5 项中的自杀或自残行为）。

2. 一种不稳定的紧张的人际关系模式，以在极端理想化和极端贬低之间交替变动为特征。

3. 身份紊乱，具有持续而不稳定的自我形象或自我感觉。

4. 至少在两个方面有潜在的自我伤害的冲动性，如消费、性行为、物质滥用、鲁莽驾驶、暴食（注：不包括诊断标准第5项中的自杀或自残行为）。

5. 反复发生自杀行为、自杀姿态或威胁以及自残行为。

6. 显著的因心境反应所致的情感不稳定（如强烈的发作性烦躁、易惹或焦虑，通常持续几个小时，很少超过几天）。

7. 长期的空虚感。

8. 不恰当的强烈愤怒或难以控制的发怒（如经常发脾气、持续发怒、重复性斗殴）。

9. 短暂的与应激有关的偏执观念或严重的分离焦虑症状。

符合以上5项（及以上）症状可诊断为边缘人格障碍。

第三章

他们掌握着你的希望与恐惧

掌控他人的根本法则是胡萝卜加大棒。

展现魅力，获取信任

刘女士在一次相亲聚会上认识了李某。李某上台介绍自己时略显腼腆，但是他装束简洁大方，给她留下了很好的印象。李某提到自己不擅长人际交往，因此认识女孩子的机会很少，于是只能壮胆来相亲聚会，希望找到有共同兴趣的人。

刘女士主动联系了李某。他们后来一起约出来吃饭、聊天。刘女士对李某比较满意。他总是几句话就能让她开心起来，还特别体贴，一起出去玩的时候都会主动给她开门、拎包，一起吃饭的时候都是主动抢着买单。更让刘女士感到惊喜的是，他还有着相当的理财经验，这可是她偷偷发现的。有一次，他们出去玩，李某无意间拿出自己的手机，进行了一些线上投资交易。这一操作被刘女士偷偷瞥见了，她看到那竟然是个比较大的金额。

后来刘女士假装无意谈及投资的话题，刚开始李某劝她投资有风险，不要涉及太深。但在刘女士不断提起投资话题后，李某"勉强"透露了自己的一些理财经验。他告诉刘女士有些网站可以提高收益，但是劝她不要盲目操作。李某让刘女士先使用他的账户进行投资，等熟悉了再自己注册账号。 在李某的指导下，刘女士使用李某提供的账户多次成功获利并提现。 刘女士有点心动便悄悄在李某推荐的网站上注册账户进行投资，小额投入都能够获利并成功提现。在李某的诱导下，刘女士加大了投资金额，多次向平台投入共计数十万余元。 直到李某消失的那一天，刘女士才发现自己投资的网站根本是个假网站，而她前期投入的钱根本提不出来。

大学附近有很多小吃店，它们种类繁多且物美价廉，非常适合手头并不宽裕的学生改善伙食。 孙某是某校附近小吃店的老板，他对经常来店里吃饭的几个学生总是额外照顾，经常给打个折、送个菜，甚至有时候还能一起坐下来喝几杯。 经过一段时间，他便与学生们混熟了。 学生也对他不见外，经常拉他到学校里一起打篮球，还邀请他到宿舍里玩。 但是，在此后的一年多时间里，这栋学生宿舍楼的钱物经常不翼而飞，甚至有时候会造成失主生活困难。 每当这时候，孙某还会主动资助一点。 因此，尽管学生们对是谁偷了钱财相互怀疑，却从来没有怀疑过孙某。 直到孙某在某次作案时被逮捕，真相才浮出水面。 学生一脸茫然，不敢相信偷东西的竟然是孙某。

******

这一章我们来讲操纵者是如何去欺骗、操纵、控制、PUA他人的，了解操纵利用他人的技巧。 当然，了解其中的核心机制，不是让我们去做坏事，而是促使我们更好地辨识他人的行为，对任何越界的行为保持清醒。很多操纵、欺骗、PUA 等都是一个长期过程，操纵者会耐心地放长线钓大鱼。

一个人想欺骗、操纵、控制甚至 PUA 他人，他要做的第一步就是获取他人的信任。

那么，我们通常会对什么样的人产生信任呢？

通常来说，容易对充满魅力的人产生信任。整齐的装束、渊博的学识、优雅的谈吐、良好的教养等都能让一个人更容易获得信任，尤其在一个人不由自主地流露出对家庭、父母或孩子的责任感时，更能让人产生信任感。

当然，外貌是很大的加分项，优越的外貌天然带来亲和力，长相漂亮或帅气的人主动跟人说话时，无论异性还是同性，都会使人很高兴，并轻易获得信任；相反，长得不太好看甚至长相有些缺陷的人，人们会故意地远离他。以貌取人是人的天性。

此外，具有说服力的人更容易获得信任，那些具有高超说服力的人，更容易获得他人的信赖，从而拥有更多成功的机会。说服的基础是读懂他人。卡耐基说过："只有一种办法可以让任何人做任何事，就是让那个人真的想做。"激发和影响对方认同自己的观点是说服力最好的体现。明星代言广告就是增加产品说服力的重要例子。

我们对能够给予我们情感回报的人更容易产生信任。著名的社会心理学家霍曼斯指出，人际交往在本质上是一个社会交换的过程，需要相互给予彼此所需。这就是人际交往的互惠原则。社交的本质是为彼此的行为提供支持，在相互提供支持的过程中，我们更容易相信对方。

另外，处在同一空间的人更容易彼此信任。比起较少见面的人，那些和我们经常在一起的人更容易获得我们的信任，因此在同一个公司共事的同事会让我们更容易放下警惕。更进一步，那些和我们有同样喜好的人也更容易获得我们的信任。比如，喜欢同一个明星很容易拉近心理距离。

目的归因也影响我们对一个人的信任。归因是指人们如何解释自己和他人做出的某种行为，是人对影响其行为的因素做出推论的认知过程。人际交往中的他人目的归因是指我们怎么解释他人的行为。如果我们觉得对方靠近我们是想获得某些利益，就会提高警惕，很难信任对方；如果觉得对方是无目的的，则更容易信任对方。

******

我们常常说，如果遇到一个人，和你谈得来，理解你，两个人交流愉快，你抛出的各种幽默梗对方都能接住，这就是遇到了知己，遇到了真正懂自己的人。但事实上，有很大可能，我们遇到的这个人阅历丰富，他只是在人际交往中"向下兼容"。

真正想欺骗、控制他人的人，都深谙如何获取他人信任，他们能够在人际交往中让对方感觉非常舒服，进而让对方产生信任。他们通常能够敏锐地感知别人的情绪，从而做出恰当的反应，他们通常会让对方产生共鸣，让对方感到安全和舒适，进而放松警惕、产生信任。

他们阅历丰富，并因其人生经历对不同的人和事有着更加深刻的理解和感悟。他们通常能够更好地理解他人的想法和感受，能够更好地激发他人产生共鸣。对于他人的苦恼，他们能够劝说得恰如其分；对于他人的快乐，他们愿意捧场。他们会在节日发出祝福，在生日送出礼物。这样的人会在人际交往中提供足够的情绪价值。

他们也深谙你的喜好，你聊明星，他能滔滔不绝；你聊《红楼梦》，他能分享对贾宝玉、林黛玉的看法；你喜欢黑格尔，他也能跟你聊几句哲学。总之，你会的他都会。这一切可能不是你们恰巧有相同的爱好，更多是他早已完全了解你的喜好，额外做了功课，在两人相处的过程中投你所好而已。

在相处的时候，他们会极力淡化自己的目的。比如，创造偶遇的机会与你认识，使你放松警惕；不过多追问你的经历和家庭背景，使你们的交往看上去没有功利性。总之，他们的一切行为看上去都极其自然，没有刻意的痕迹，你很难将你们的相处归因到不好的方面。

我们不能说，这些能够"向下兼容"的人就是坏人，他们很多是具有较高修养的人。大家可能会说，遇到一个这样的人不是挺好的吗？的确是！如果他是愿意帮助你的师长、好友，那么你可能因此受益无穷。但是，如果他将你当作猎物，尝试利用你，你的处境将会很悲惨。

******

　　和能够对你"向下兼容"的人相处，自然会感觉很好，能体验到合拍以及同频率沟通的美妙感觉。但是，如果对方利用这种"向下兼容"，则可能对你造成"降维打击"，让你在人际交往中失去话语权，甚至尊严和地位。

　　在现实中，如果一个人把你当成猎物，他就会运用"向下兼容"的策略取得你的绝对信任，进而征服你，以便在未来时机成熟的时候摘果子。比如，经常看到一些媒体报道女孩为了给男朋友买车，不惜以自己的名义贷款，甚至借高利贷；或为了男朋友，骗家里的钱给男朋友花；甚至将自己的花呗、借呗都交给男友管理。总之，为了这个男朋友什么都愿意，即使他人明确告知这些女孩这是个骗局，她们仍然拒绝承认现实，认为男朋友不可能背叛自己。很多女孩最终的结果都是男朋友拿到钱财之后消失不见，而女孩背着一身债，人财两空，或是发现男朋友脚踏多条船，自己不过是其中之一。

　　还有些男孩，遇见了投缘的女孩，觉得相见恨晚，是自己的真爱、红颜知己，觉得是最懂他的女人，不惜倾尽自己的财力讨对方欢心。最后才发现，自己被骗走了感情和钱财。

　　这个世界上没有完美的人，人与人的相处更多是磨合的过程，如果一个人和你三观完全一致，聊得特别开心、相处特别舒心，有说不完的话，一定要给自己一个警示，因为很有可能这个人不是你的知己，只是这个人的经验远远高于你，他是在"向下兼容"，他只是在顺着你的意而已。

"向下兼容"在生意场上经常出现。我们经常看到一些报道，有些企业家因为相信他人的投资和对赌协议，最终让自己一手创立的公司拱手让人，甚至资产归零。很多人与他人交往不久就匆忙入股，加入他人团队，认为做的这个事业非常有前瞻性，未来一定不可估量。但是，天上不会掉馅饼，只会掉陷阱，他们最终会发现自己被别人忽悠了！别人为什么能忽悠？因为这些人在"向下兼容"。他们在你相对陌生的领域里，对你形成碾压，你的一切都完全在他的掌控之中，他们能够顺着你的喜好和思维逻辑去说去做，完全符合你的三观，让你认为这件事一定可行。

"向下兼容"的人在外表上给人和善的感觉，但这种深藏不露的人才是最可怕的。一旦成为他们的猎物，在情感中会被背叛，在生意场上会被欺骗，最后人财尽失，倾家荡产。我们生活中可能较少遇到这么可怕的人，但是，通过良好的印象取得信赖，进而达到自己黑暗目的的行为却广泛存在。

他们通常不吝啬赞美别人。人都希望获得赞美，甚至对自我的评价很大程度上建立在他人的评价之上。期望被他人（特别是自己尊重的人）赞美和赏识是人的天性，而喜欢听赞美是每个人的天性，马克·吐温曾夸张地说："只凭一句赞美，我可以多活两个月！"可见赞美有多么大的魅力。

赞美是有技巧的，不是嘴甜就可以。使人愉悦的赞美，诀窍在于从细节入手，以具体的事情为缘由夸赞他人。准确的赞美不仅能让他人感到愉悦，还会受到他人喜欢，获得他人的好感，进而在不知不觉中获得了影响他人的能力。赞美在正常的人际关系中是润滑剂，但是在有毒的关系中就是慢性毒药。当操纵者通过赞美获得了影响力，他就能随意实施操纵了。

刻意贬低，引起自卑

小丽最近有点迷茫。她感觉男朋友变了。原本一向温柔体贴的男朋友开始贬低她的喜好。当她精心打扮准备和闺蜜逛街的时候，男朋友会突然说你怎么打扮得这么难看。这让她对自己的审美产生深深的怀疑。她的男朋友还会将她的闺蜜说得一无是处，而实际上，她的闺蜜是个自信而体贴的伙伴。小丽的男朋友不但贬低闺蜜的审美，还说闺蜜是嫉妒她长得好看才刻意让她化妆难看来衬托她。

不光在打扮上，小丽的男朋友会揪住她的某个缺点无限放大。比如，她偶尔没收拾自己的床铺，男朋友就会把这引申成她是一个懒散的人，而懒散的人是没人喜欢的。小丽的男朋友就像专门负责挑错，让小丽对自己的生活产生了怀疑，时间一长，连她也觉得自己有问题了，男朋友说的才是对的。

除了不断地挑错和贬低，男朋友表现得十分温柔，处处为她着想，甚至在每次贬低她之后表现得更加体贴。

小丽迷茫自己有这么差吗？

******

我们已经描述了通过展示自己的魅力获取信任的策略和通过赞美实施操纵的策略。操纵者通常还会采取另外一种策略，通过贬低使人自卑，使人怀疑自己。

人际交往中的贬低主要有以下这几种情况。

狭隘性贬低

有些人贬低别人是因为无法面对他人比自己好的事实。此类人常常无法接纳自身的不足，在面对不如他人的现实时，内心矛盾而痛苦。于是通过贬低他人，回避自身的不足，以此唤起虚假的片刻自信。因此，对这些人来说，贬低他人是一块掩盖自己缺陷的遮羞布。

自卑性贬低

当一个人感到自己很弱小时，采用贬低他人的方式让自己感到强大，他们通过贬低削弱他人的自信，甚至把"你很弱小、很差劲"的认知植入他人的脑中。同时自我吹嘘，拉大彼此的距离，以此来让自己显得很强大，当然，这种伪装的强大难以掩饰其根本上的弱小。

习惯性贬低

这种情况常见于亲密关系之中。有些父母把贬低当成是对孩子的一种激励和鞭策，美其名曰挫折教育。他们坚信"骄傲使人落后"，夸奖和肯定是有害的，会让人骄傲。还有些人把贬低作为一种"亲密"交流方式，比如我们经常说"损友"，通过口无遮拦式的贬低拉近彼此的关系。但这种方式仅适用于有类似观念的熟人，否则容易引起误会，甚至关系破裂。

操纵性贬低

一般都是刻意贬低，带有目的性，是为了实施精神上的控制。这种贬低意在造成精神上、人格上的打压，让对方产生自卑。这样就可以在精神上实施欺骗、控制。

******

操纵性贬低是人际关系中，尤其是亲密关系中常用的让自己处于优势地位的策略。

操纵者实施贬低通常不是从被操纵者开始，而是从被操纵者身边的人开始。比如，在亲密关系中贬低对方的异性朋友都是意图不纯，同性朋友都是塑料友谊。

前面我们提过，社会性是人的重要特征。人都需要社交，希望被他人接纳，加入某个群体，找到归属感。搬到一个新的城市、进入一所新的学校、来到一个新的工作场所，人们都会试图融入新的群体。

操纵者贬低被操纵者身边的人，目的是让被操纵者与朋友产生嫌隙和矛盾，使被操纵者逐渐疏远他人，变得孤立无援，只能依赖操纵者，此时操纵者成为被操纵者唯一的社会联系，也就变得无可替代。

操纵者最终会开始贬低被操纵者。面对贬低，人很容易产生自我怀疑和否定，会降低自尊，认为自己不好、不行、不配被爱。而操纵者深谙此道，他们会持续地贬低他人。那些 PUA 高手通常会使用直接批评、否认事实以及和他人做比较等手段来贬低、打压被操纵者。

贬低这一策略既可以单独使用，也可以与其他策略结合使用。根本目的是让对方自我怀疑，降低自尊，产生自卑感，打破这段关系中的平衡。他们经常从外表、喜好、生活习惯、穿衣打扮等方面实施贬低。

贬低策略不能经常使用，使用频率不能太高，没有人对高频率的批评感兴趣，也容易让被贬低的人产生免疫。因此，贬低策略在应用时应尽量瞄准一个点，某段时期的批评和贬低全是针对某一个方面。这种集中的批评和贬低常常让被贬低者产生严重的自我怀疑。

同样，贬低策略的应用应该循序渐进，如果上来就下猛药必然会引起剧烈反抗，让这一策略难以持续下去。因此，贬低策略从小处开始，先造成一定的不安全感，然后加强剂量。

比如，一开始只针对穿衣风格，慢慢地开始挑剔生活习惯，最后贬低对方的爱好和价值，程度会越来越剧烈，甚至有些恶毒。而被贬低的人像温水煮青蛙一样，不断被否定，不断地怀疑自己，最后接受操纵者的观点，由操纵者决定自己的穿衣、爱好和习惯。这样一来，就会觉得自己有很多不完美之处，而操纵者是唯一值得信赖的人。

符合期望就奖，不符合就罚

最近流行一个网络新词"微遗弃"，顾名思义，就是轻微的"遗弃"，人际交往中一方通过放弃这段关系来让对方感到恐慌，从而做出顺从行为。

通常表现是这样的，关系一直很不错的两个人（比如情侣感情很亲密融洽），突然其中一方开始变得冷淡，这让还沉浸在这段关系中的另一方感到不解，不知道自己做错了什么，并感觉被忽视和情感上被"抛弃"，产生一种危机感，努力找到问题根源，想要尽量弥补，以挽回这段关系。

在这种情境下，被"抛弃"的一方就已经在人际关系中处于弱势了。这时候对方会提出一些略微不合理的要求，比如要求被"抛弃"的一方减少和某几位朋友的来往，或做出某些行为改变等。为了这份感情、这段关系，被"抛弃"的一方总会愿意尝试，做出稍许改变，以满足对方期望。操纵者就是利用这种策略——只要按照他的期望行动就给予奖励和情感回报——实施操纵。

被"抛弃"的一方为挽回感情而欣慰，殊不知这段关系只是暂时地进入蜜月期，一段时间之后，类似的场景会再次上演，被"抛弃"的一方需要为这份关系不断做出让步。这样一来，被"抛弃"的一方在这段关系中会产生越来越强烈的不安全感，行为会越来越符合操纵者的要求，如果向操纵者倾诉，操纵者反而会说他过于敏感，过于小家子气。

实际上，被"抛弃"的一方已经陷入了操纵者的"微遗弃"陷阱。操纵者会用一次次的"微遗弃"制造危机感，让被"抛弃"的一方做出让步，一步一步地实施控制。

陷入"微遗弃"陷阱的人很难逃脱。被"抛弃"的一方会因为自己付出太多而不想放弃，沉默成本已经大到难以割舍。而且，此时被"抛弃"的一方已经很难再有恰当的人际关系，早已在这一轮一轮的循环中成了孤家寡人。但是，如果能意识到"微遗弃"是一种控制和操纵策略，就会有所防备，不至于轻易跌入陷阱，而已经吃过亏的人，再次受到"微遗弃"影响也会减轻很多。

******

"微遗弃"这个词很好地展示了改变、控制他人的一种策略，它本质是强化策略的应用。

强化策略一般是指选择某种行为，然后通过给予奖励或惩罚，使该行为得到巩固或消退的策略。强化策略广泛应用于行为矫正、塑造或控制他人上。比如，通过给孩子奖励来教育孩子收拾床铺，对某些行为表示反感来尝试改变配偶的行为等。当然，他人也会应用这些手段影响或塑造我们的行为。

强化策略有着久远的历史。19世纪90年代末，俄罗斯心理学家伊万·巴普洛夫做了一系列和消化系统有关的实验。巴甫洛夫最初的研究和心理学没什么关系，他研究的是分泌唾液这一生理反应，使用的实验动物是狗。他发现，食物接触到狗口腔内部，唾液腺就会产生唾液。或者，当狗看到食物时，也会分泌唾液。

但是，他发现了一个问题，有的时候狗没看到吃的，也会分泌唾液。比如，听到铃声会分泌唾液。问题是铃声肯定不好吃，但为什么狗听到铃声时的反应和看到食物时一样呢？刚发现这个现象时，他很生气，以为是实验出了问题，或者是实验助手有问题。可是，开除了几个助手后，问题仍然没有解决。经过反复观察，他终于找到了原因：狗将声音和进食联系起来了。

本来，狗听到铃声时不会分泌唾液，但因为喂狗的助手开门会碰到门铃，狗在听到铃声后就会开始进食。时间一长，狗就养成了一个习惯，听到铃声分泌唾液。巴甫洛夫将这一过程称为条件反射的建立过程（见图3-1）。

狗看见食物流口水（非条件反射）

条件反射建立过程1：
狗对铃声无反应

条件反射建立过程2：
狗进食的时候伴随铃声

条件反射建立过程3：
狗对铃声产生反应（流口水）

图 3-1 条件反射的建立过程

新行为主义学家伯尔赫斯·弗雷德里克·斯金纳（Burrhus Frederic Skinner）将条件反射的策略进一步发展，发现了操作性条件反射的策略。斯金纳认为，动物和人类的学习行为是随着起强化作用的刺激而发生的。也就是说，在自发产生的行为发生后给予强化刺激，这一行为再次发生的概率就会增加。相反，如果自发行为发生后受到惩罚，它再次发生的概率就会降低。

因此，斯金纳的理论里的"操作性"是指个体做完某行为后受到的强化。如果某种行为受到积极强化，则此行为出现的概率就会上升；如果某一行为受到惩罚，此行为出现的概率就会降低。比如，当我们帮助了他人而受到表扬，下次我们就更倾向于帮助他人，长此以往就能让一个人形成乐于助人的人格特质。 相反，如果因为帮助别人而受到惩罚，下次再想帮助别人的时候就会犹豫再三。

斯金纳通过这一方法训练鸽子辨别颜色、打乒乓球，甚至训练老鼠玩篮球。 他还出版了《动物的学习》一书，专门描述他的行为塑造技术。 当然，他认为他的方法同样适用于人，他甚至用这一策略塑造他女儿的行为。

******

强化策略分为正强化、负强化、惩罚和消退。

正强化

正强化是针对某个行为施加奖励，比如赞扬或者给予礼物。 也就是说，如果你喜欢别人某个行为，并且希望他能一直这么做，最简单的策略就是给予奖励或回报。 强化策略中的奖励和回报包括表扬、肯定、礼物、认同、金钱等物质或非物质形式。

如何最快让狗学会某个行为？ 只需要在其出现某个行为的时候，用食物或者抚摸奖励它，这样就能增加这种行为出现的概率。这一策略同样可以用在人身上。 父母给考试分数高的孩子一些鼓励或者礼物，妻子用一桌好菜奖励丈夫的付出，等等。 这种奖励与强化时刻发生在我们身上，影响着我们的行为。

正强化的过程对人们来说是愉快的经历，人们在这一过程中能够获得比较好的体验。这也是正强化发生作用的原因。我们享受被别人喜欢的感觉，获得家人的赞赏、获得老板的肯定、获得领导的表扬都可以让我们收获快乐。甚至，我们的行为让家人感到快乐、减轻了朋友的困难、看到自己的努力取得了成效，这些都能够让我们愉悦并感到付出是值得的。

当然，操纵者也会利用这种策略。在接触的初级阶段，操纵者主要使用正强化策略，这样既能获得好感，又能让被操纵者持续做出他们所期望的行为。在利用让人着迷的正强化让被操纵者沉浸在这段关系之后，操纵者会逐渐抛出一个长远且具有极大诱惑的收益，比如情侣之间的婚姻许诺、领导给出升职暗示。但是，这些长期的收益常常建立在很多短期的小失去之上。而且这些极大的收益似乎触手可及，让目标人群愿意为此放弃当前的利益，忍耐某些挫折，先苦后甜，不惜一切代价来获取它。

但这个长远且具有极大诱惑的利益其实是虚幻而无法实现的。它就像空中楼阁，一旦靠近，就会自动偏离一些。比如，情侣之间，一方以为满足了某个条件就能够走入婚姻，但是，新的问题永远会出现，阻碍最终目标的达成。

这个时候，被操纵者发现自己无论多么努力，对方承诺的收益永远难以兑现，他们会产生怀疑，反思自己目前的状况和未来的可能。这个时候，操纵者也会改变策略，由令人愉悦的正强化变成"微遗弃"，让被操纵者产生不安全感，对改变现状产生恐惧，于是避免损失成为被操纵者最主要的动机。

负强化

与正强化相对，负强化也经常被应用。负强化很容易被误解，负强化不是惩罚，不是通过负面的体验让对方放弃某个行为。负强化也提供奖励，这种奖励是让被操纵者从不舒服的状况中解脱出来。

让我们来看一个动物实验的例子。实验小鼠被装进笼子里，笼子被分成两个隔间：一个隔间全部是白色，另外一个除了把门刷成白色，其余都是黑色的。两个隔间相连，小鼠随时可以进出任意一个隔间。实验是要训练小鼠从黑色隔间跑到白色隔间。

实验者在目的地（白色隔间）内放置一块小鼠喜欢的食物。实验开始后，小鼠被放在黑色隔间，小鼠最初四处无目的地游荡，在这一过程中它出于某种原因进入了白色隔间，然后吃到了美味的食物。第二次，同样把小鼠放在黑色隔间，这次它会更快地进入白色隔间，享用美味。小鼠的这一过程是快乐的，这是典型的正强化。经过几次类似的操作，小鼠进入白色隔间的速度会越来越快。这个时候，即便缺少食物的奖励，小鼠也会尽快跑到白色隔间。因为白色隔间和食物建立了联系。在整个过程中，实验者利用正强化训练小鼠做出他们期待的行为。

但是，还有一种策略可以达到类似的目的。同样将小鼠放在黑色隔间，看小鼠多久能走到白色隔间。与上一个实验不同的是，白色隔间里没有美味的食物吸引小鼠，没有美食给它正强化。实验者采取的措施是在黑色隔间底部加上铁丝电网。电网在感受到压力的时候会释放电流，让小鼠感受到痛感却不至于被电晕。因此，当小鼠被放进黑色隔间，就会受到电击而疼痛，会本能地想逃离，开始出现撞墙、震颤，甚至便溺等高度紧张的举动。在这一过程中，小鼠会偶然逃到白色的隔间，只要一进入隔间，痛苦就消失了。几次之后，小鼠就学会了从黑色隔间逃到白色隔间。即便黑色隔间不再通电，小鼠也会拼命往白色隔间跑。黑色隔间已经与恐惧的记忆联系起来。

这个策略就是负强化。我们看到，与正强化不同，负强化是只要做出操纵者期望的行为，痛苦或负面体验就会停止或消失。在心理学上，负强化的应用就是"厌恶疗法"。当我们明白了负强化的意义，就会明白我们的行为怎样受负强化控制和影响。

比如，面对孩子乱糟糟的卧室，孩子的母亲期望他能改变，就会不断劝导孩子应该打扫房间，孩子却不听她的。于是，她非常生气，不断唠叨要求孩子打扫卫生，包括如果不打扫就会将他的东西扔掉，这些唠叨、叫喊、惩罚威胁都会让孩子产生厌恶情绪。直到孩子打扫卫生，唠叨、叫喊和惩罚威胁等才会停止。母亲的唠叨就像针对小鼠的电流，是一种负面惩罚。只有对方做出期望的行为，惩罚才会消失，而惩罚的消失就像奖励一样强化了对方的行为。

伴侣之间也存在负强化，比如"冷战"，拒绝沟通其实也属于负强化策略，还包括哭闹、抱怨、指责、唠叨等，这些行为会让对方产生一定的内疚感、愧疚感、厌恶感等，就像小鼠实验里的电流，要消除这种负强化，就需要对方表现出顺从、改变行为，比如做出道歉等。更有甚者，一方会采取恐吓、诅咒、发怒等策略，唤起对方的消极负面体验，唤起他们对拒绝和抛弃的恐惧，让他们产生严重的不适，激发不安全感、受挫感、恐惧感等，进而为了摆脱这些感受而做出让步。

人际关系中的负强化就是一方要求另一方服从、顺从，如果对方不能满足，就制造痛苦、不愉快的消极体验，直到对方服从。因此，我们看到，负强化使人不快乐，令人感到厌恶、沮丧甚至愤怒，并导致低自尊。被操纵者会不断按照操纵者的要求去行动，目的是让自己的痛苦和不快尽快消失。

惩　罚

惩罚与负强化非常相似，但是他们之间的根本区别在于消极体验出现的时机。

采用负强化策略时，令人痛苦或不快的刺激会发生在目标做出期望的行为之前，并且痛苦的刺激是否继续取决于服从程度：早服从，痛苦早结束。它的核心理念是"除非你按照我的要求做，否则我就会一直让你痛苦，让你承受折磨"。

惩罚策略是在目标犯错或者没有达到某项任务要求时对其实施让他感到不愉快的刺激。 实施惩罚策略时，负面体验表现为目标没能做出期望的行为时需要承担痛苦和不愉快的后果。 其核心理念是"你做了我不喜欢的事，我会让你痛苦"。

采用惩罚塑造他人行为的效果不如负强化。 因为惩罚只是告诉他人目前的行为后果是消极的，但是没有指明做出怎样的行为才能消除消极体验。 被惩罚的人只能靠自己的"悟性"推断错在哪里，因此惩罚往往会导致行为的不稳定。 比如，孩子在外打架，父母知道之后揍了他一顿。 但孩子会怎样归因呢？ 他可能认为是自己打架吃亏了被揍，也可能认为是有人泄露了他在外打架导致被揍，他不一定会认识到"不让我打架"这个原因。 孩子找到的原因不一样，导致其以后的行为也不一样。 将原因归结为打架吃亏的，下次出手就会更狠；归结为泄露信息的，下次就会迁怒泄密者。

因此，惩罚要想有效，就必须让被惩罚的人意识到负面结果和某些行为的关系。 让他对某种行为（比如孩子打架行为）产生恐惧。 这样，下次面临类似情境时，被惩罚的人才会努力停止不被期望的行为，而做出期望的行动，而此时，惩罚就变成了负强化。

消退

与正强化相反，消退是一种无强化的过程，其作用在于降低某种反应在将来发生的概率，以达到消除某种行为的目的。 消退的策略比较简单，以前面提到的巴甫洛夫的狗为例，狗对铃声的条件反射建立以后，使食物不再伴随铃声出现，那么狗对铃声做出的唾液分泌反应就会越来越弱，直到最后消失。 比如，面对网上关于自己的一些谣言，如果不断去解释、澄清，这些行为反而类似一种正强化，让那些制造谣言、传播谣言的人兴奋，进而造成更大范围的传播；但是，如果采取沉默或忽略的态度，让那些制造谣言、传播谣言的人感到无聊，时间一久，谣言就会慢慢消退、甚至消失。 这就是消退策略的应用。

总结以上几种策略的特点，我们发现正强化通过奖励指引一个人去做某种行为；负强化通过制造不安让人避免做某种行为；如果仅仅是惩罚而不解释，难以达到改变行为的目的；而消退则是通过不关注让他人对某些行为失去兴趣。 那些利用他人的高手，通常会在日常生活中综合应用几种策略，进而达到效果。

不可预期的奖惩

强化有两个重要的维度：强化频率和强化行为的可预测性。 我们可以从这两个维度来分析强化的效果。

我们可以思考一个问题：每次做出某种行为都会受到强化（确定强化）以及不确定哪一次会得到强化（随机强化），哪一种强化的效果更好？ 答案可能会出乎意料，强化效果更好的是随机强化。

在行为设计学上，随机强化是一个常常用到的策略。

假设现在有两件事，并且这两件事的总体奖励金额是一定的，猜一下哪个更容易让人着迷？

第一件事有绝对明确的目标和达成目标的手段。任何时候都知道应该做什么，而且只要做了就有奖励，不做或者做错了就没有奖励。付出和回报紧密相连，每个人的绩效都一目了然，绝对公平。

第二件事也有明确的目标，但是奖励并不确定。有时候有，有时候没有，有时候大有时候小，充满了随机性。有时候做了很多却没有奖励，有时候没做太多，却得到一大笔奖励。但是，不做绝对没有奖励。

你可能说，第一种更容易让人上瘾，因为比较确定。但结果是第二种更容易上瘾。心理学上有个著名的实验支持这一结论。

1930 年，哈佛大学心理学家伯尔赫斯·弗雷德里克·斯金纳发明了一个盒子，被后世称为"斯金纳的箱子"（Skinner Box）。箱子里装着一只小动物，比如说一只老鼠（或者一只鸽子）。箱子的壁上有个控制杆，动物推动控制杆就会得到食物。

斯金纳采取了两种操作。第一种，当笼子中的动物推控制杆时有一定概率会掉落食物。因此，刚开始，用于实验的鸽子有很大的兴趣推控制杆。但是，一段时间之后，它们似乎觉得这个游戏没意思了，只有在饿了的时候才去推控制杆。

第二种，引入了概率，实验对象无法确定自己的行为带来的结果。斯金纳改进了盒子的设定，把奖励改成了随机，有时候怎么推控制杆都没有食物，有时候推一下能得到好几份食物。 这一下子动物们就上瘾了，会不停地推控制杆，就好像玩老虎机的赌徒一样。因为，在这个过程中，会产生"即便这次没有获得奖励，再多按一次就能获得奖励"的希望。 除非获得奖励的概率已经低到了令人无法接受的程度，或是实验对象已经筋疲力尽，否则实验对象的行为模式会一直持续下去。

不要嘲笑鸽子或老鼠的愚蠢，我们人类的行为也和实验中的动物非常相似。

斯金纳把这种机制叫作"随机强化"。 他认为只要奖励制度设计合理，就能强化动物的某个行为。

就像赌场里的赌徒，如果他面对的仅仅是一个固定概率的游戏，若干次重复之后就会感到厌倦。 因此，游戏设计者要保证游戏继续下去，就必须打破固定概率的游戏方式，改用随机概率的游戏方式，让赌徒认为自己再努力一下就有可能获得奖励。

因此，让人沉迷的策略，核心是奖励必须给得巧妙，需要设计一个能让人上瘾的奖励制度。 这种设计已经形成了一门学问，即行为设计学，并且已经非常成熟，许多公司在设计产品时都在运用。

即便实验发生了变化，不再给予任何奖励，被随机强化的小鼠也仍然会继续推动控制杆，直到筋疲力尽。 但是，恢复精力之后，小鼠又会习惯性地推控制杆。 原因在于，奖励是无法预计的，接受随机强化概率的小鼠不知道间断奖励已经变成了没有奖励，仍然执着地认为只要多推动一次控制杆就有机会获得奖励，习惯了随机强化让他们心中永远存有希望，奖励会在未来某个不确定的时间到来。

******

从心理学上看，小鼠的行为已经具备成瘾的特征。不可预期的奖惩会导致成瘾行为，可以用来操纵他人。实验中被随机强化的动物会养成强迫和上瘾的行为习惯，人类也是如此。在现实中，每个人都像是赌场里面对老虎机的赌徒，不停地摇动拉杆，大多数时候都是输，但偶尔的中奖会让人维持赌的冲动，一直想要再赢一次。这种策略如果被应用到人身上，则会控制一个人的身心，使人对某种关系产生依赖，在整个关系中处于弱势，对这段关系患得患失，甚至会为了维持这种依赖感而放弃一些个人原则。

我们常常看到很多买彩票成瘾的"专家"，有着非常扎实的数学功底，对概率也学得很透。但是他们完全无视彩票中奖的随机性，想用自己的经验给彩票的走势画出一张预测图。实际上，他们的行为已经被随机强化，比如他们靠自己的理论曾经获得过一些奖，因此对自己深信不疑。这种坚定的带有强迫性质的信念会让他们坚持购买彩票。

在人与人之间，特别是亲密关系之间，这一策略会产生怎样的效果？

如果一位女性的男朋友尝试操纵、利用她，刚开始会通过各种策略获取她的好感，让她沉醉在这一亲密关系中。比如，最开始她每一次做出符合男朋友期许的行为都会得到赞许和关注。然而，当这位女性陷入感情越来越深，男朋友会开始越来越少地表达赞许，并且不只是赞许和关注减少，男朋友的反应会变得不可预料。她努力获取男朋友好感和奖励。但男朋友有时候会表达爱、给予拥抱，有时候却反应十分冷淡。在这种时冷时热的反馈中，她怀疑是自己付出不够，于是会调整预期，尝试用更多的付出让这段关系回归到以前的状态。她的表现像极了那只即便没有了回报也仍然坚定地推动控制杆的小老鼠。

这一策略也会用在上下级之间。比如，总裁和助理的关系。总裁业绩上十分出色，个人脾气却难以琢磨。为了获得晋升机会，助理必须努力做好自己的工作，让总裁满意。刚开始，总裁会经常表扬助理，这让助理非常开心，认为自己的努力获得了认可。但是，随着时间推移，助理获得的称赞和奖励越来越少，甚至很多时候总裁会忽视助理的努力。助理因此感到迷茫，不知道是总裁已经不再器重自己，还是自己哪些方面未能让总裁满意，于是更加努力地工作来获得总裁的认可和称赞。

负强化的例子也是如此。如何给人制造持久的焦虑和恐惧？可以用惩罚，比如一个学生做了错事会被老师惩罚，但这种惩罚是可以预期的，所以尽管学生害怕惩罚，但是他仍然能够预期。而不可控制的惩罚会带来持久的焦虑和恐惧。比如在"9·11"事件之后，美国人的焦虑感飙升，都在担心下一次袭击会发生在什么时候。很多人都惧怕坐飞机，选择开车出行，造成车祸发生率飙升。

如果一个人在实施强化策略（正强化和负强化）的时候能够控制强化的节奏，就能更有效地对他人产生影响。给他人制造焦虑或压力，最有效的方式就是给对方制造没有规律的痛苦或不快，让对方沉浸在这种压力中，不知道下一次痛苦什么时候来临。

"心理恐怖分子"一词形容的就是应用这些策略操纵和影响他人的人。他们会应用各类强化手段和策略，让"猎物"感觉自己时刻处于恐惧和焦虑的边缘，不断反思自己哪些行为不对，或者担心下一次不愉快的经历会何时发生。这种不确定性已经超越事件本身，成为焦虑和压力的来源。

一朝被蛇咬，十年怕井绳

人们常说，经验是最好的老师。但具体来说，经验是怎么成为老师的呢？

多年前一个晴朗的晚上，还是学生的我背着自己为数不多的行李到外地旅行。为了省钱住在一家民宿里面。说是民宿，其实是景区周围的村民将空闲的民房稍加装饰，然后出租给路过的和我一样的囊中羞涩的背包客。而我也喜欢这种民房，因为它可以让我更加直观地观察和体验当地人的生活，观察他们的生活习惯和行为方式，这甚至比景点更具吸引力。

正好遇上他们的民族节日，每家每户点起火把，照亮了半个院子。晚上吃完晚饭坐在院子中火把旁享受一天中难得的放松，听院子里一家人用当地的语言聊天，他们聊到开心处时发出大笑，这笑声也感染了我，让我不由自主地跟着笑起来。

在大家开心聊着天的时候，房东家的儿子，大概不到1岁，在大人周围爬来爬去，连裤子都快磨破了，而他的母亲只是用眼睛追随着他，并不干涉他的行动。这个孩子竟然朝火把爬了过去，虽然很慢但离火把越来越近。我看了看他的母亲，她似乎并不在意。我看孩子离火把越来越近，就想起身挡住这个孩子。但是，孩子母亲拉住了我。她说，不要干涉孩子的行为，他即将学到宝贵的一课。

虽然火把离地还有一定的高度，但是掉落的木炭仍然发着红光，显然还有很高的余温。孩子被火把吸引着，爬到离火把不远的地方停了下来，他已经感受到了火把的温度。他抬头看了看上方的火把，开始勇敢地朝着高温靠近。在很快接触到火把时，他停了下来，伸手去碰掉落的木炭，想要拿起来。但他刚接触木炭就迅速收回了手！他的脸开始扭曲，露出惊讶的表情，嘴唇开始颤抖起来，显然他不明白为什么会疼痛，他再次伸出手，木炭再次让他疼痛，他开始哭了起来。

孩子哭了，大人却笑了。他的母亲早已经站在离他很近的地方，她抱起哭泣的孩子，给他安慰。我不明白这么做的意义，甚至对这些大人的做法有些气愤，于是问他们为什么不让我阻止孩子？这位母亲说的话让我至今都刻在心里。她说，这个世界上充满了让我们感到好奇的新鲜事物，当我们控制不了自己的欲望时，教训就能让人铭记一辈子。她说我一直在他身后，一切都在掌控之中，我们不会让孩子发生危险，但是我们也不要阻止他去增长经验。

※※※※※※

尽管知识可以学习，但是一个严酷的事实是，生活中只有经历才能教会人教训，只有伤痕才能让人记忆深刻。只有经历才能让人将教训刻进脑海里，产生永不再来的排斥反应，并在感受到迹象时，马上启动战斗或逃跑的本能反应。在人类进化过程中，这些行为模式是重要的保护机制，让人类逃离可能的威胁。

情绪是人类经验的一部分。情绪会引起相应的行为反应，特别是某些事情诱发的独特情绪体验，会引发强烈的行为反应。有过童年溺水经历的人，会产生强烈的创伤体验，在他成年后，淋浴时闭上眼睛总会伴随着恐慌的心理反应。上面的例子中那个将手伸向木炭的孩子，他在未来将手伸向火的概率会大大降低。这些反应都是由强烈情绪体验而诱发的。

心理学研究发现，当一件事发生时，无论好坏，大脑都会将之与特定的情绪联系起来。比如，家乡的味道总是让人回忆起儿时的经历，这是乡愁的根本原因。正因为人的心理有这样的特点，产品广告会努力将经历与产品联系起来。 比如，广告画面中家庭聚餐的场面，孩子们高兴地游戏，长辈笑着和晚辈一起聊天，这都使人感到放松温馨，与此同时，烧烤架和架上热气腾腾的美味烤牛肉表明了这是一个烧烤架的广告，整个广告想说的是，只要买了这个烧烤架，就买到了这种温馨的体验。

除了好情绪，坏情绪也会关联行为。 曾经被狗咬伤的孩子可能一辈子都会害怕狗，甚至这一恐惧会泛化到各种类型的宠物身上。创伤后应激障碍（PTSD）就是指当人们经历了一件非常可怕的事，如士兵经历严重的受伤、受到死亡的威胁，或者看到同伴死亡等，产生巨大的恐惧，出现应激障碍。 PTSD人群会感到无助、受打击或恐惧。 未来的相似事件或场景都可能诱发他们类似的恐惧反应。 比如，"9·11"恐怖袭击事件后，美国人通过电视播放的画面感受到了心理上的恐惧，仿佛亲身经历了一样，进而对某些场景出现创伤后应激障碍。

******

创伤性学习当然可能被用来实施对他人的操纵、影响或欺骗。这一心理现象很容易被人利用。 如果一个人的情绪很容易被触发，那这个人就很容易被操纵。 人一旦被情绪控制，就容易在重要事情上做出错误的决定。 比如，冲动购买不必要的商品，或者仅凭情感原则爱上一个人。

有家庭暴力倾向的丈夫在第一次施暴时就会让受害者建立起不安与恐惧的情绪。受害者对此非常害怕，她会努力避开再次遭受暴力的行为。尽管我们都知道，这一切都不会让施暴者收手，他们肯定会重复施暴，而受害者在这一过程中的创伤体验会越来越深。

在情侣之间、在公司上下级之间以及在导师与学生之间都可能产生这种现象。比如，一位新人在入职培训中获得了非常好的评价，这让他对未来职场发展充满了信心。但是，当他真正工作后，他的上级借某件小事用十分刻薄的语言对他进行了人身攻击，批评、斥责、贬低他，因为一点小错把他所有的贡献都一并抹掉，并攻击他的个人品德。这突如其来的变化让新员工陷入了迷茫，他对自己的上级充满了恐惧，每次得知领导要来或者经过自己的身边都非常紧张，生怕因为自己的某些举动招致领导的进一步讨伐。从此以后，这位员工的表现可以用低迷来形容，他不再具有初入职场时的活力，也没有将事情做到完美的动力，他对自己的行为充满焦虑，做事情不再自信。

在这个例子中，上级的一次暴怒和指责，就成功实现了对这位职场新人的控制，让他产生了惧怕情绪，从而建立了自己的权威和影响力。但这一切是以牺牲新员工的自信和工作动力为代价的。

总之，创伤性学习通过让受害者产出强烈的情绪反应，对受害者形成巨大的冲击，从而实现对其行为的控制。俗话说的"下马威"就是通过巨大冲击建立自己的绝对权威。

花样翻新，防不胜防

小美对婚姻越来越失望。

小美的父母在她小时候就离婚了，小美和母亲一起生活。她成年后谈的第一场恋爱让她很陶醉，她觉得自己遇到了 Mr. Right。追求她的成军外表非常阳光帅气，对待她也非常温柔体贴，非常绅士，风度翩翩又体贴入微。

他们的相识具有戏剧性。那天她乘坐地铁回家，在出地铁时成军追了上来，他以为落在她座位旁边的包是她的，结果是别人遗漏的。误会一场之后他们彼此留了联系方式，算是第一次接触。后来成军对小美展开了热烈的追求，让她完全陷入这份感情，仅仅 50 多天，成军就向小美求婚，几个月后他们结婚了。

然而，这场婚姻是一场彻头彻尾的错误，婚后的成军虽然仍然体贴，但会经常不经意地强调她的某些缺点，比如丢三落四、不讲究个人卫生等，小美努力做到完美。有时候成军会偷偷藏起她的东西，或者打乱她收拾好的东西，还反过来说她丢三落四。

受到指责后小美也会抱怨，但成军总会说她太矫情了，生活总是不完美的，他做这一切是为了让她更好，让这个家更好。每当小美下决定要离开的时候，成军总是苦苦哀求，做出各种委屈的样子来挽留。成军还总是在她亲朋好友面前塑造一个温柔体贴的形象，让别人感觉如果这段婚姻出了问题，那一定是小美的原因。经过这一系列的操作之后，小美甚至都觉得是自己有问题，对待婚姻的态度不正确，甚至觉得自己亏欠成军，是他的包容让自己过上当前的生活。

小美不知道的是，整个过程都是对方精心安排的，包括捡包的那一幕。在"第一次"见面之前，他早已把小美了解得清清楚楚。他仿佛一个躲在暗处的猎人，静静地观察自己的猎物，而猎物却对此一无所知。结婚后，他一面伪装成体贴的丈夫，一面用心理战术牢牢控制小美的行为。

下一步他会干什么？没人知道，也没人能阻止。

******

除了前面提到的几种策略，还有一些策略可以作为辅助手段运用。在运用正强化、负强化、创伤、刻意贬低等策略时，受害者都可能会反抗，他们可能会退出这段关系。这时候，为了保证受害者不退出，操纵者就会采取一系列辅助措施。

道德绑架

道德绑架是指以道德的名义，用过高的甚至不切实际的标准要求、胁迫或攻击别人，并左右其行为。道德绑架的事情经常发生在我们身边，本质是利用人们内心深处的价值观或情感操纵他人的行为。在这一过程中，被道德绑架的人往往失去自主权，他们的行为被操纵，道德绑架也让人们失去对真相的探知，他们往往被错误信念支配。

不但如此，道德绑架经常用在亲密关系中。比如，有些控制型人格的人喜欢站在道德制高点去命令他人。比如父母命令孩子做事，如果孩子不服从就说他不孝；妻子要求丈夫做某事，如果丈夫不做就说丈夫不爱她；公司领导要求下属做某些职责外的工作，如果不做就对不起公司对他的培养；等等。

因此，道德绑架可能被某些组织和强势的人用来达到自己的目的。我们需要保持批判性思维，应该质疑那些试图影响我们决策的人或组织，评估他们的信息和动机。我们还需要保持谨慎的信任。只有对道德绑架充分了解，才能避免被他人要挟和支配。在思想上，我们要明白道德是用来约束自己的"准则"，不是用来指责和约束他人的工具。道德的最高标准是对他人的尊重，而不是对他人行为的要求。

示弱与博取同情

"恻隐之心，人皆有之"，面对弱者和需要我们保护的人，人们总会生出些许同情，而这一点容易被他人利用。

示弱主要利用人的同情心和保护欲，通过打造弱者人设，包装出一个痛苦的过往，实则为了达到自己的目的无所不用其极。曾几何时，火车站、公园边那些"失去亲人""丢了路费"的人博取了多少路人的眼泪与同情，让多少人愿意贡献自己的一点爱心。

当前，网络上也有许多主播为了博取同情赚流量而卖惨，但很快，人们就识破了他们的套路。 知道这一切不过是他们的一种变现手段，这时候民众的情绪走向另外一个极端，对网络上的求助变得冷漠。 这些博人眼球的主播实际上堵死了那些真正需要帮助的人的求助之路。

那些尝试控制、欺骗他人的人会在恰当的时候利用这一策略达到自己的目的。 所以，不要因为可怜别人而急于牺牲自己，少一点感性，做个理智判断的人，避免成为恶人的饵食。

多手段并用

大多数尝试控制他人的人，可能会使用我们提到的大部分甚至全部的策略控制受害者。 因为这些策略具有一定的互补性，而多手段并用会让受害者更难逃脱操纵的陷阱。 他们会利用各种强化策略让受害者不断强化自己的行为和思想，从而持续地服从他们的需求。

处在恋爱中的双方，如果一方是操纵者，他会要求对方按照自己的要求行动，然后给予对方爱和承诺作为奖励。 但是，如果对方不按照他的要求行动则会面临失去这段关系。 被操纵的一方最终会发现，操纵者根本不爱他们，那些失去的威胁根本就是个谎言。 当被操纵的一方发现自己已经陷入骗局中时肯定会失去很多，但好处是，他们走出了摆脱这一关系的第一步。

来看看以下这些熟悉的对话场景，尝试分析操纵者都利用了什么策略。

第一段对话

男：亲爱的，今天我们去吃什么？

女：你不会连我喜欢什么都不知道了吧！你真的爱我吗？

第二段对话

女：亲爱的，今晚我来看你好不好？

男：你想怎么做就怎么做吧，不是我要求你来的！

第三段对话

A：我觉得你最近对我很冷淡，能告诉我原因吗？

B：你自己认为呢？

今天我们做一次坏人

从根本上说，控制和影响他人的根本法则是"胡萝卜加大棒"，实施该法则分为两个层面：第一，如果你按照我的要求做，你就会获得回报或奖励；第二，如果你不按照我的要求做，你就得不到你想要的东西，或者受到惩罚。

很多人会进一步放大威胁的成分，变成如果你不按照我想要的方式去做，你就会失去你珍爱的东西。这就是胁迫了。

当然，没有人会公开承认这些操纵他人的策略，操纵的实施过程往往很隐蔽，操纵者通过行为反馈或通过情绪反应让对方自己摸索，只有当所有策略都无用的时候才会撕破脸用威胁的语言表达出来。

通常情况下，操纵者会同时应用这两种控制策略，一开始会用胡萝卜策略，承诺会给予某些利益诱惑对方按照要求行动。但是，当胡萝卜策略无效的时候，就会转而使用大棒策略，如果对方不配合就不再给予奖励，而是给予惩罚，并进一步实施胁迫。利用胁迫策略时，被操纵者会明显感受到胁迫感，产生比较强烈的危机感。

为了获取更长远的利益，操纵者会以更频繁、更常规、更隐蔽的手段控制受害者。在这些手段面前，被操纵者会渐渐失去自我，失去对自我的控制，觉得自己被欺骗了、被操纵了，感受到高度的压力。

比如，上级对下属承诺完成工作后会给予职位晋升，而他要付出的代价是加班完成额外的任务，甚至违反公司纪律、监视同事等。在这个过程中，上级会给下属某些奖励和承诺，在下属不做、做不好时还必须给予一定的惩罚。

然而，操纵者承诺的利益和威胁是不断变化的。通常，操纵者会利用隐蔽而微妙的手段设下陷阱，给出某些令人愉悦的奖励信号。这就导致在开始阶段，他们的要求看上去是合情合理的，但是一旦进入利益关联阶段，操纵者的本性就会暴露出来，双方互利的关系逐渐转变为操纵陷阱。

比如，一对恋人，开始的时候，男朋友体贴、勤奋，全都符合女孩的要求。随着时间推移，双方开始考虑组建家庭，一旦建立这种预期，男朋友开始表现出某些逃离婚姻的行为，使用需要个人空间、发现双方不是很合适等借口，本质是想借此胁迫对方让步。而女孩已经建立了对未来的美好预期，男朋友的改变会让她产生失去的恐惧。 为了维持自己的预期，她愿意改变自己的行为和习惯来满足对方。 在这个过程中，男朋友逐渐控制了女孩的行为和思想。

******

我们可以转换视角，看看潜在的操纵者是如何达到自己的操纵目的的。

确定目标

操纵绝对是有意为之，这比起日常生活中的正常交往，需要付出更多时间和精力去谋划和付诸实施。 即使对操纵者来说，操纵他人也是一件非常容易让人疲倦的事。 比如，说实话的时候，我们只需要按照事物本来的样子描述就行了，而说谎却要努力扭曲事实，还要避免谎言被揭穿，以及在被揭穿时想出更多的谎言来弥补。 并且，做坏事要说服自己的良知，要给自己做的坏事赋予合理性，减少做坏事的内疚感。

因此，操纵者往往会物色容易实施操纵的受害者，会将那些有弱点的受害者作为实施操纵的目标。 此外，操纵者实施操纵不是为了一时好玩，而是为了达到有利于自己的目的，金钱的、情感的。

计划和实施

确定了目标和目的，就要设想如何操纵目标对象以达到有利于自己的目的。 重要的步骤之一是制订计划和实施操纵。 这一过程不如工程或项目那样具体，但往往会包含操纵不起作用的一些场景，以及应对策略。 操纵者会整理和充实自己的"武器库"。

收集目标对象的信息

在选定操纵目标对象时，潜在的操纵者会对目标对象进行初步判断，但要实施操纵还需要更深入地观察目标对象，比如喜好、性格、脾气，有哪些朋友、家人如何、过往的经历是否有可利用的把柄等。再进一步，要了解目标对象的行为方式、工作动力，有什么可能影响他们的决定。 潜在的操纵者把这种思考模式作为一种习惯，他们能够快速准确地识别他人的行为模式，并将这一模式与自己的行为建立联系。

制造机会和场景，警惕和排除威胁

潜在的操纵者善于制造机会和场景，让受害者进入受他们掌控的关系之中。 他们也善于识别使自己的操纵失效的威胁因素，并果断采取行动，比如孤立受害者，斩断受害者的社会关系，让受害者只能依赖他们，并制造场景，在一种看似赞赏或鼓励的氛围中贬低受害者，剥夺受害者的自信和自尊。

为了实现目标不择手段

普通人在运用欺骗、强化、贬低等策略时，心理上会产生一定的负疚感。 但对于潜在的操纵者来说，任何的自尊、同情、愧疚都是成功路上的绊脚石。 他们为了控制与操纵他人的行为，可以不择手段，包括但不限于运用取悦、劝说、强迫、退行、自贬等策略。

总结经验和改进

潜在的操纵者会反思自己的成败得失，总结失败教训，不气馁，在下一次操纵他人时避免犯同样的错误，同时调整和完善自己，提升自己操纵、欺骗他人的成功率。

站在潜在的操纵者的角度认识他们做事的思路，我们才能复盘操纵的过程，尽早识别潜藏在身边的有毒的人。

第四章

四种有毒关系

为了达到一个最高尚的目的，可以使用最卑鄙的手段。

——马基雅维利

你是我的提线木偶——心理操纵

李莎，24岁，刚入职场。她在一家著名的商业咨询公司做经纪人。到公司的第二年，一名资深经纪人找到她。他提议两个人合作，给出的条件十分优厚。在咨询公司，经验丰富的资深人士带领一名后起之秀是个很好的组合，资深经纪人可以指导年轻人的工作，让她迅速成长，而年轻人也可以暂时栖居在他的羽翼下，在减轻一些行政事务的同时，也能获得更好的成长机会。

资深经纪人说他妻子怀上了二胎，自己精力有限很难有时间处理业务；同时自己的身体状况、精神状态也大不如以前，难以胜任长期高强度工作，特别是周末加班。因此他需要一个有力的帮手。他说要为合作设置六个月的考察期，考察期结束后会让李莎全面加入自己的业务，获得与企业高层直接接触的机会。李莎要付出的代价是，在考察期间，各类调研活动都由李莎来负责，包括周末加班。他相信李莎会从中获得她渴望的经验，以及丰厚的报酬。

在接下来的考察期内，李莎几乎每一个周末都在加班，她付出了大量休息时间，放弃了许多社交活动，全身心投入工作。就这样过了半年，李莎焦急地等待着考察期结束，获得正式合作的资格，并得到曾经承诺过的回报。可是资深经纪人一直没有提起，于是李莎尝试提起考察期结束成为正式合作伙伴的提议，结果却遭来此资深经纪人的指责，甚至威胁取消合作提议。可是第二天，他又为自己的发火向李莎道歉，却绝口不提履行当初承诺的事。就这样，等待了几个月，经过了几次小心试探，李莎知道自己永远也没有机会获得资深经纪人许诺的合作和报酬。她心灰意冷，最终狠下心退出了这次合作。她这大半年的付出全部白费，没有获得任何回报。

李莎退出后不久，她看到另外一名新来的同事开始和这位资深经纪人合作。她仿佛看到了自己的过去，她不知道是否应该去告诉这位新同事自己的遭遇。但是，新同事会相信她吗？更可怕的是，她才意识到在与资深经纪人"合作"的这几个月里，自己被当成他的"情人"，成了同事眼中为了上位不惜一切代价、勾引他人的人。现在，无论她怎么努力都难以改变她在同事中的负面形象，似乎离开公司才是她最好的选择。

******

接下来我们将逐一拆解在日常生活中经常听到、看到甚至遇到的具有代表性的恶意行为。分析这些行为表现及背后的心理过程能够帮助我们理性地认识这些行为的后果，让我们知道需要注意的问题，预防、逃离有毒关系。

前面提到的李莎就是遭遇了他人的心理操纵。

操纵是指利用欺骗或控制策略改变他人的行为和看法，是一种为满足自己的利益而损害他人利益的行为。心理操纵具有剥削性，它满足了操纵者，却牺牲了被操纵者的利益，是一种损人利己的行为。

人们可以利用自己的社会影响力发挥有利作用。比如，医生利用自己的影响力劝说患者改掉不良生活习惯，父母利用自己的影响力使孩子养成良好的生活和学习习惯，领导利用自己的影响力建立良好的企业文化，等等。他们都是有利的，因为这一切都建立在尊重他人的基础上，且被影响的人有权拒绝。这种施加影响力的行为不属于操纵他人。但是，当一个人利用自己的社会影响力损害他人利益，且对方因被胁迫而难以拒绝时，这种行为便成为心理操纵。

操纵者通常会在刚开始接触时表现出善意友好，以此掩盖他们的意图和行为目的。在交往的过程中，他们通过了解受害者的心理特征及脆弱点，确定心理操纵的步骤和最有效的策略。在执行自己意图的过程中，他们能够表现得足够冷酷无情，对受害者受到的伤害没有丝毫同情心。为了自己的目标，他人的一切都可牺牲。

一个典型的心理操纵会包括以下步骤。

在刚开始接触时，通过欺骗等策略掩饰自身目的；通过描绘美好前景等让对方感到与其合作能够实现美好愿景。李莎的经历就是陷入公司资深经纪人给她描画的美好愿景中，经纪人提到的合作和丰厚报酬让她感到这是一件极其有意义的事情，从而愿意听从安排。

随着接触深入，操纵者会利用对方的弱点束缚对方。操纵者会故意制造一些场景，然后看对方的反应，以此找到对方可操纵的点。操纵者会逐渐露出自己的真实面目，并在这个过程中试探对方的底线，看对方的反应再做调整。比如，一位尝试操纵妻子行为的丈夫，会提出一些不太过分的要求（比如疏远她现在的朋友）来试探。如果对方并未强烈反对，则进一步提出更过分的要求；假如对方做出强烈反抗，则用类似"我很抱歉，我只是很害怕你会离开"的策略寻找退路。

如果对方一退再退，操纵者会破坏对方的自信心，让对方对自己产生怀疑。操纵者会夸大对方或大或小的缺点，指责、贬低对方，让对方怀疑自己。他们不断夸大自己好的地方抬高自己，说明自己做得如何好。然后指出对方的缺点，说要帮助对方改掉不好的习惯。通过一系列操作扭曲对方的自我认知，直到对方觉得自己什么也干不成，做什么都需要操纵者的帮助。此时，操纵者就能够让对方做任何事情，因为对方更相信他们的决定，而不是相信自己的。

最终，操纵者把对方置于控制之下。操纵者做这一切的目的，就是让对方觉得自己完全没有能力管理自己的生活，怀疑自身的能力，成为他的提线木偶。

当被操纵者认识到自己的不利地位开始反抗时，操纵者会认为对方失去了利用价值，立刻冷血地抛弃对方。如前面的例子，为了不让李莎暴露自己的经历，资深经纪人甚至造谣自己与李莎的关系，让李莎承受各种压力，这样一来，李莎在同事面前的可信度就会降低。至于李莎的日常生活和前途，那都是可以舍弃的东西。

******

普通人在伤害、利用他人的时候，经常会感到良心不安。但是，操纵者看待世界的方式是不同的。他们的世界观决定了他们的行为，而他们的行为结果则会反过来强化他们对世界的认识。

在操纵者的眼中，世界非黑即白，要么被他人摆布利用，要么摆布利用他人。他们不认可人际关系中还存在平等相处、和睦共处、合作共赢这样的模式，这些关系模式都超出了他们的认知范围。他们也根本不知道在平等和彼此尊重的关系中，应该扮演什么样的角色。这一切的根源可能就在于他们不认为自己是可信的，不认为他人是可信的，也不认为人际关系可以彼此信任。

操纵者将生活中的所有行为视作零和游戏，不存在"1+1>2"的合作模式。因此，生活就是要争夺一切东西。他们相信在任何人际关系中，有人获益就会有人受损，付出多的那一方就是这段关系中的输家。

操纵者还认为，其他人的存在都是为了满足他们的需求，他们从不会站在他人角度思考，除了满足自己的要求，不存在其他的与他人交往的方式。

操纵者对自己的行为深信不疑，认为自己具有超越他人的能力，理应获得相应的权力，自己的需求理应得到满足。基于这样的观点，他们相信自己是特别的，他人理应服从他们，且将他们的利益和需求摆在首位。不但如此，他们相信这个世界中其他人的想法和他们是一样的，要么操纵他人，要么被他人操纵，只要有机会，每个人都想去操纵他人。

为何操纵者会形成这种世界观？除了遗传因素，也与他们童年经历或消极的人生经历有关，这些经历让他们形成了严重偏离的世界观。他们认为社会或他人都会造成伤害，整个世界都欠他们，需要补偿他们。

******

被操纵者会感到紧张、焦虑等，他们会感觉对自己的行为和情绪失去控制。尽管他们隐约感觉到他人的操纵企图，但是他们常常不清楚自己是"被操纵"了，因为很多选择似乎都是自己做出的，与他人无关。因此，要让受害者意识到自己所处的情形，通常需要一段时间。

如果在一段关系中有如下感觉，那么就要反思自己是否被操纵了。

无法平等沟通

操纵者控制着交往"法则"，他们决定着哪些能够沟通，哪些不能沟通，而这些不能沟通的内容涉及这段关系中的核心权利。 对于某些"不能沟通"的内容，他们默认不能更改。 他们通常采取的策略是不讨论（"我现在没有心情谈这个"）、忽视（"你说的这些都不存在"）、不接受讨论（"这些问题又不是第一次发生"），以此表达他们的不悦。 通过控制沟通的内容，被操纵者会积累沮丧、焦虑等情绪，最终因此受到伤害。

情绪受他人主导

被操纵意味着一个人将自己感觉、行为的权利让渡给其他人。操纵必然伴随着胁迫和负面影响，甚至正强化、负强化等策略的运用。 被操纵者永远无法确定何时会受到奖励、何时会面临惩罚。 这种不确定性非常容易让人沮丧、焦虑。 并且，被操纵者还会认为沮丧、焦虑等负性情绪是自己的责任，进而产生自我谴责的心理。 如果一个人的喜怒哀乐都受他人影响，由他人掌控，他人高兴则自己开心，他人不快则自己焦虑。 那么大概率已经陷入被操纵的状态。

难以理解他人动机

很多操纵发生在亲密关系或者家庭中。 在这类关系中，人们总是期望爱与利他主义胜过自私自利。 但是，操纵者为了自己的利益根本不会在意他人，他们为了实现自己的目的可以牺牲一切。 为了实现自己的目的，操纵者总是尝试掩盖他们的真实动机。 被操纵者往往无法立刻识别对方的目的，时而感觉对方是利用自己，时而又感觉对方是真心在意自己的。

不平衡的权利感

无论被操纵者是否感觉到操纵者的目的和动机，他们都能感觉到在这段关系中权利不对等。操纵者的需求支配了这段关系，而被操纵者的诉求却难以表达，更无法满足。与之相对的是负性情绪，他们会感到疑惑、失望，感觉自己的需求没有得到满足，处于被剥削的地位。很多人感受到这一切却不去摆脱这段关系，很重要的原因是这段关系建立在取悦的基础之上。前面例子中的李莎，受工作前景和丰厚报酬的诱惑，她自愿付出努力。

低自尊、低自信

操纵者满足自己需求的同时，往往会打击和破坏被操纵者的自尊心。在操纵关系中，被操纵者将难以成为一个独立、自信的个体，无法独立做出判断和决策。更难以从判断和决策的过程中获得成就感。于是，越来越依赖操纵者，并且在这种自尊和自信不断被削弱的过程中越陷越深。而低自尊又会反过来强化依赖性和失控感，被操纵者在这种恶性循环中逐渐失去自我。

受害者心态

被操纵者面对无规律的胁迫，每天承受着巨大的心理压力。而长期的心理压力会进一步扭曲他们的心态和认知。 在高压力下，被操纵者大多会选择接受现状，不再尝试解决问题，因为他们认为自己面临两个选择，一是接受现状，按照对方的要求做；二是与现实抗争，但低自尊、低自信让他们认为自己没有能力抗争，抗争只会让生活变得一团糟。 于是，被操纵者困在自己的思维陷阱里苟且着，自欺欺人，不满足于现状，又不敢去改变现状。

如果在某段关系中有以上一种或几种心理体验，那么一定要警惕，因为可能已经处在一段危险的关系之中。

以爱之名的精神控制——PUA

2019 年曾发生过一件轰动全国的事件，某大学的 M 男在精神上虐待 B 女，最终导致 B 女自杀。 这一事件让 PUA 一词迅速广为人知。 PUA 即"Pick-up Artist"，本意是指"搭讪艺术家"，原本是指男性通过系统化学习和实践提升与女性交往的能力和技巧，提升和完善与异性交往的情商等。 但是，PUA 后来被异化，变成了吸引异性、让异性着迷的一系列操作。 如今，PUA 已经臭名昭著，成为人尽皆知的一种精神控制策略。 它包含一系列手段和套路，被用来欺骗女性的感情。

PUA 是感情中的一方疯狂用各种方式打压对方，精神绑架对方，让对方心甘情愿服从，既包括男性对女性的控制，也包括女性对男性的控制。 但是，现实中男性对女性的控制更常见。

在男性针对女性的 PUA 案例中，使用 PUA 手段的男性确实很懂得女性的心理，能够恰如其分地满足女性的要求，更重要的是他们善于寻找、挑选那些容易下手的女性，因此成功率很高。

那么，什么样的人容易被 PUA？

他们一般有以下特征：单纯，社会经验少；追求者少，异性相处经验少；经济收入总体偏低。

这几类人虽然看上去差异很大，但他们具有某些共同的特征，更容易被 PUA。

这类人通常对社会的恶缺乏足够的认识，对爱情怀有过度理想化的幻想。很多社会经验比较单薄的人或者涉世未深的大学生，对爱情的理解抱有理想化的认识，认为爱情就是两个人的简单化学反应，与其他无关（网络俗称"恋爱脑"）。还有些人渴望通过婚姻实现阶层跨越，而这一心理恰恰非常容易成为 PUA 的切入点。很多 PUA 男通过打造良好的人设，假装自己拥有不菲的财富，展示虚假的奢侈生活等增加自己的吸引力。就像投资界的段子，把钱投给号称年化收益 8% 以上的项目，那就做好失去本金的准备，因为你想要他的高收益，他想要的是你的本金。爱情中也是如此，面对明显高于自己阶层的追求者，如果自己不是玉树临风、倾国倾城，就不要尝试，因为他可能要的是你的"本金"。

遇到一个刚接触就很聊得来的人会让人觉得自己终于找到了对的人，而现实中更大的可能是，对方在"向下兼容"。PUA 老手很擅长使用"向下兼容",他所选择的猎物在他面前就是一个小透明,他有能力让对方感觉舒适,并逐渐掌控对方的感觉和行为。

PUA 可能发生在普通人之间。 生活中经常看到有些男生在追女生时非常起劲,但在追到手后就对女生各种挑刺,甚至限制女生和其他男生来往。 如果女生提出分手,又会死皮赖脸地跪地求饶,不惜发毒誓、扇自己耳光,惩罚自己,表达真心。 但是,无论是限制女生还是跪求女生,他们的目的都是让女生不能离开自己,以便可以继续操纵女生。 他们挽留女生,不是自己良心发现、回心转意,而是女生离去让他们感觉自己利益受损。

******

无论是在亲密关系中,还是在友情和亲情中,我们都不能迷失自我,被他人操纵。 尤其在爱情中,爱情要以平等为前提,过度的委曲求全不会让自己幸福,只会换来对方更猛烈的挑剔。 因此,最佳的做法是在这段关系开始时及时发现对方是否具有 PUA 的特征,以便全身而退。 这就需要我们对 PUA 的常用套路有所了解。

抓住某个缺点无限放大,目的是让对方产生自卑感

恋爱初期的人都会盲目夸大对方的优点,但在确立关系之后,对方的缺点就会逐渐暴露出来。 爱情要想维持长久,不能光靠对方身上的优点,因为再好的优点看久了也总会平淡无奇。 真正让两个人

维持长久的，是能够容忍对方身上的缺点。因此，只有接纳对方的不完美，包容对方，才能让彼此的关系处在一个舒适的状态。

但是，PUA 恰恰要在这个地方做文章。擅长 PUA 的人会抓住某个缺点无限放大，并以此进行攻击和指责，用这种方式实施洗脑，打击被 PUA 对象，让被 PUA 对象感到自己实在太差劲了。

这一行为的目的是什么？是让被 PUA 对象形成愧疚感和自卑感。脸上有个不是很明显的痣也会被用来攻击外貌，时间一长，原本并不重要的事也会让被 PUA 对象格外在意，比如照镜子总觉得痣大，并开始认同自己的外貌不佳，为此感到自卑，甚至努力想要掩盖这颗痣。

而这一结果恰恰是实施 PUA 的人想要的，他们就是想控制被 PUA 对象的心态，通过贬低和打压让被 PUA 对象产生自卑感和不自信。自卑的人总担心别人不喜欢自己，所以特别容易妥协和讨好别人。一旦引发了被 PUA 对象身上的这种心态，就可以实施 PUA 了。

实施 PUA 的人如果实在抓不到致命的把柄和弱点，就会故意激怒对方，然后装作受害者反过来指责被 PUA 对象。比如，他们会故意激怒被 PUA 对象，让被 PUA 对象在情绪激动的状态下做出一些非理智的行为，说很多过分的话。这时候，他们会将自己伪装成受害者，以受害者的角度不断指责被 PUA 对象脾气坏，告诉被 PUA 对象自己遭到了多大的伤害，可他们因为爱只能忍受。

精神打击、情感拉拢，让对方产生依赖

一味贬低容易触发逆反情绪，引起抵抗行为，甚至因受不了而选择离开。因此，实施 PUA 的人通常会交替使用"贬低"与"赞美"。

现实中，如果有人说："你脸上有颗痣，不是很好看。"他这么说不是 PUA，他的话最多是一种不礼貌。但是，如果与你亲近的人说："你脸上这颗痣真的很难看，别人都说很丑，但是我不在乎这个，因为我真心爱你。"这就有一定的 PUA 成分了。

先贬低和打压，让被 PUA 对象产生自卑感，再示好，表达真挚感情，从而让被 PUA 对象在精神上产生依赖，让被 PUA 对象觉得除了他，没有人会付出真心。比如，激怒被 PUA 对象，在被 PUA 对象生气说了过分的话之后指责对方。这个行为会让被 PUA 对象对自己的性格产生怀疑，相信他的控诉和包容，继而对他心存感激。从此以后，就会将他当成生活中的最后一根救命稻草，并且包容他所有的过错，不但不再对他的指责表示反感，反而感恩他的包容和接纳。

用各种策略逐渐侵蚀对方的底线和边界

在用贬低让被 PUA 对象产生不自信和自卑感，甚至产生依赖之后，下一步就是步步紧逼，侵蚀被 PUA 对象的底线。

为了避免被 PUA 对象的心理反弹，一般会先在边缘试探。比如，他会开玩笑地批评被 PUA 对象的穿着打扮、用语、生活习惯和行为方式。时间一长，被 PUA 对象会开始怀疑自己的认知，甚至开始觉得他说的可能是对的，或者是哪怕他说的不对，也能为了他改变。

一旦发现被 PUA 对象能接受这样的批评，他就会步步紧逼，进一步试探。即便是身心正常、意志力坚强的人陷入 PUA 陷阱，也会被误导，对无理要求越来越包容，底线一再降低。

贬低对方，放大自己的优点，抬升自己的形象

实施 PUA 的一方会努力抬高自己，将自己塑造成为一个完美、优秀的人。即便他自身没有特别优秀，也会将自己身上的所有优点都放大，甚至会编出一些根本就不存在的头衔和名誉为自己贴金，把自己塑造成一个非常优秀的人。

光强调自身优秀是不够的，更重要的是在他表达自己优秀的时候，还会不经意间贬低被 PUA 对象，甚至贴心地安慰被 PUA 对象："虽然你这不好，那不好，但没关系，在我眼里你就是很优秀的。"这样做的目的，就为了让被 PUA 对象觉得自己高攀了他，然后加倍讨好他。

夸赞某个方面，夸上天，贬低其他方面，贬入地狱

除了上面的贬低，PUA 的另一个特点是会将某个特征夸上天，用夸奖的方式道德绑架。比如，他会说："你是我见过最完美的女人！"并以此道德绑架，在之后的日子里，但凡被 PUA 对象做出不符合"完美"的事情，他就会让被 PUA 对象产生内疚，认为自己没有做到他所说的"完美"。

总结一下，PUA 的主要特征包括会抓住某个缺点无限放大，通过贬低让对方产生自卑感；贬低的同时，又不断强调离不开对方；在冷、热之间切换，让人痛苦又难以放弃；在贬低对方的同时，放大自己的优点，让对方产生"高攀"的心理；在以上基础上，不断试探和突破对方的底线，提出各类无理要求；道德绑架，且不断提出要求。

如果发现与身边的人相处有以上一种或几种情况，就需要警觉了，你们的关系中肯定包含 PUA 成分，你有可能正在遭受精神控制甚至虐待。

******

面对 PUA，我们要如何自救？

爱情中的两个人是平等关系，而不是依附关系。因此，解决爱情中的问题必须以人格平等为基础。很多人觉得既然两个人在一起了，就要珍惜这份感情，珍惜这个人，哪怕有诸多的不美好，只要磨合和包容，都能够迎来美好的结局。但是，如果对方表现出 PUA 的特征，就不能再继续包容了，它提示你可能遇到了一个恶情人，一味讨好只会让他变本加厉，也会让你失去自我。

不要有侥幸心理，务必及时远离

上面已经介绍了实施 PUA 的人群常用的手段，当你进入一份感情，察觉到对方正在用以上方式对你进行控制，就一定要警惕，尽量不要被对方的语言所影响。爱情让人放松，但如果你和对方相处时感觉不到幸福，反而感到紧张和压力，就要意识到你遇到的不是所谓的真爱，而是一个正要将你拉进泥潭的恶情人。

这个时候，应该果断终止这段感情，切断所有的联系。千万不要有侥幸心理，以为能够改变对方。因为你的侥幸心理很可能成为他的机会，让自己陷得更深。记住，不要心软，也不要心存幻想，一个试图 PUA 你的人一定不爱你，无论他的行为看上去多爱你，他用甜言蜜语说多爱你，这都是表象！

相信且尊重自己，降低对方的影响

不管有多爱一个人，都要记住在爱别人的同时，要更爱自己。要相信自己，不要因为别人的话语轻易动摇，甚至自我怀疑，要坚定自己的想法，理智看待情感问题。只有学会了尊重自己，才能活成梦想中的样子，就算有人贬低和打压，也完全不必放在心上，要懂得用相应的方式去反击。这样一来，就能降低他人的影响，不给对方 PUA 的机会。

保护好自己才能爱他人

很多人一旦陷入爱情就容易忘我，甚至愿意为了对方做出某些牺牲。对待自己的态度决定了对待他人的态度。一个不爱自己的人，内心大多是悲观消极的，对待他人的态度也常常是自私冷漠的。

比如被女友抛弃的男生，在女友面前长跪不起，乞求女友能够原谅他。然而，女友看到他卑微的样子却更加嫌弃，转身头也不回地愤然离去。如果你是这个女生，会原谅他吗？肯定不会，也一定不要原谅他！因为这个男生实际上根本不懂得爱自己，从他放弃自己的尊严，给女友下跪的那一刻起，他就将卑微深深地刻在了自己的心里。

爱情中需要保护好自己，才能真正地去爱他人。如果发现自己在感情中受到伤害，那么就要反思这段关系的意义。

被卖了还要帮他数钱——欺骗

"警察同志，能不能不要处理他们？"

周大伯被骗了十几万元，好在骗子被民警当场抓住。但是，80多岁的周大伯不但没有痛斥他们，反而开口给他们求情。警察也纳闷了，询问为什么。大伯叹了口气："他比我儿子还关心我，我心里把他当干儿子。"

三年前，周大伯散步时在广场上认识了自称"老年关爱协会"的刘某。刘某干净整洁的西装、礼貌的问候都让周大伯感觉很好。周大伯加了刘某的微信，领了满满一大包蔬菜和鸡蛋。后来，刘某主动联系周大伯，在介绍他们"关爱"政策的同时，热心地问周大伯现在的身体状况，是否需要"老年关爱协会"的帮助，等等。在听到周大伯有高血压后，刘某十分关心，并说会通过"老年关爱协会"努力为周大伯寻找医生。

刘某给周大伯送来几盒糖浆，说是医生推荐的降血压的秘方，让周大伯试用。在服用了几次后，周大伯感觉似乎的确有用，主动又买了几盒。整个过程中刘某态度十分好，几乎天天打电话询问周大伯的身体状况，隔三岔五还登门拜访，嘘寒问暖。

于是，二人就熟络起来。周大伯购买的保健品种类逐渐增多，价格也越来越贵。刘某保持一贯的耐心和热情。这让大伯感觉十分温暖，在心里把刘某当成自己的"干儿子"。周大伯的亲戚发现之后，尝试劝说他远离刘某，但收效甚微，甚至经常为此争吵起来。周大伯到处宣扬自己吃的保健品多么有效，自己身体如何硬朗。

刘某团伙被抓的时候，民警发现他们非法获利数百万元，被骗者大多是七八十岁的老人，他们有的像周大伯一样给骗子求情，还有的根本不肯来提供证据或者报案，怕家里人知道，怕家里人骂。

******

我还记得上小学时候的一件事，一天有一个十一二岁的瘦小女孩穿着有些破烂的衣服在村里走，看上去十分可怜无助。有人上去询问，她说自己和父母走失了，已经好几天没吃饭了。别人问她家在哪里，她说了一个十分遥远的省份的某个村庄。

村里人看她可怜，有的拿自己孩子的衣服给她换上，有的给她吃的，还有人给了她一些钱，让她能够回家。这个女孩成了村里的焦点，很多家庭都收留她到家里休息、吃饭，或者给她一些力所能及的帮助。

但是，几天之后村里很多家失窃。数年后警察在其他地方抓到流窜作案的人员，其中就包括这个女孩。女孩是用这种策略打探各家的人口数量、家庭状况等，然后将这些信息告诉同伙。

可怜女孩与家人走失的故事是一个骗局，她用一个又一个假身份和假故事骗取人们的同情，进而获得她需要的信息。

欺骗就发生在我们身边，不要以为只有老人和小孩以及见识低的人才会被骗。骗子无孔不入，骗局层出不穷，被骗的人也是形形色色。比如高级白领，会因为好的投资项目而负债累累，有些大学老师，拥有博士学位或教授职称，照样被骗去大额钱财！

为什么我们会被骗？骗子利用了我们怎样的心理？

******

欺骗是指用虚假的言语或行为隐瞒事物真相，使他人上当。近几年电信诈骗、网络诈骗高发，诈骗已经成为引起社会普遍关注的违法行为之一。为了丰富宣传形式，各反诈公众号绞尽脑汁，制作形式多样的宣传文章，以及音视频、漫画等。但即便如此，面对层出不穷的诈骗新花样，每年还是有大量的人上当，损失相当数量的金钱。

要想真正预防诈骗，首先要明白为什么我们会被他人利用，什么样的底层心理机制让骗子有可乘之机，或者换个角度，骗子会利用我们什么心理特点实施欺骗？

抛去各种伪装和手段，一个人要想欺骗他人，关键是要获取他人的信任，只有获取信任，欺骗才能够顺利实施。那么，如何才能获取一个人的信任呢？通常有以下几种策略。

第一种是利用（虚假的）权威身份获得信任。在网络诈骗中，当对方说自己是公安局、银行或国家部门的工作人员，然后能详细报出被骗者的个人信息时，都能获得信任。尽管被骗的一方可能会半信半疑，但是对方权威的身份已经建立了信任的第一步。他们为了打消被骗一方的疑虑会主动出示身份证件，让对方记下以备查验。这个步骤是为了表明自己的身份真实有效，不怕查验，这样可以顺利打消疑虑，获取信任。不但如此，很多骗子只显露自己的（虚假的）身份，并告知你遇上了麻烦，但不主动帮助你，反而制造机会让你去求他帮忙。

第二种是施与一些小恩惠，逐步攻取心理防线。人们对首次接触的人总是怀有一定的警惕和怀疑心理，但在经过几次接触后，人们就会逐渐信任对方，特别是从对方那里获得了一些真实收益。 比如，如果有人告诉你有一个年化收益 20% 的投资产品，希望你来投资。 你肯定很怀疑其真实性，在这种情况下，对方会引诱你先少投资一些，比如投 1000 元试试，一个月后果然收回本金还获得了收益。 第二次，又有类似投资，你又投资了 2000 元，一个月后同样收回了本金获得回报。 如此试探几次之后，你就会完全信任对方。 当对方再度邀请你投资时，你会欣然将大笔钱财投入其中，并且信心满满等待投资回报，最终却得到对方卷款消失的信息。 当然，这里的小恩惠不一定指金钱上的，也可能是精神上的回报。 比如，开头例子中周大伯遭遇的诈骗套路，就是用感情拉近距离，获取信任，最终实施欺骗。

第三种是针对我们的需求，动之以情，言辞恳切，取得我们的进一步信任。 每一个骗子都是洞察人性的高手，他们在日常生活中观察人时都很注意细节，并且善于通过讲故事获取我们的信任。 每一个骗子都是讲故事的高手，他能够使人沉浸在他所讲的故事中，尽管事后回想起来这些故事显得荒诞可笑。 无论是称钱包丢失还是与家人走失，或是在网络上编织凄惨故事博得人们同情，骗子用故事攻击我们内心最柔软的部分。

第四种是用夸赞让人感觉自己不平凡。 在投资骗局中，骗子会用小收益吸引人上钩，并且他会夸赞对方投资有眼光，让人产生一种自命不凡的感觉。 比如，"哇，你的投资收益很高，你是投资高手"；"你的皱纹变淡了，真是越来越年轻了"；"你瘦了，你成功控制了自己的体重，真是太了不起了"。他的每一次鼓励，都让人相信自己不平凡。人一旦自命不凡，接下来的决策往往就丧失理性，而这恰恰是骗子想要达到的目的。

******

我们为什么会相信他人，甚至在被对方欺骗之后仍然选择相信他们。我们被骗，本质上是因为我们存在软肋，而骗子就是利用我们的软肋来达到目的。

诈骗打的是"心理战"。骗子都善于利用受害者的两大心理软肋——贪婪和恐惧。

贪婪是我们对不属于自身的东西的贪念，或做任何事都想走捷径，比如一夜暴富、不需要努力就能获得成就或健康，等等。当我们想迅速得到超越自身能力的财富、声望时，我们就会变得脆弱。很多人都收到过中奖、抽大奖等短信，这样的骗术看上去拙劣，但真的有人信。这很多时候是贪婪的侥幸心理导致的。被骗者的侥幸心理是致命的缺陷，他们以为可以"拿小钱博大钱"，花几百元就可以返现、得到苹果手机等贵重物品，想着这几百元被骗了也无所谓。但他们没想到，一旦几百元转出去了，他们就彻底陷入了骗子的圈套中，接下来只会被骗更多钱，而且为了拿回之前被骗的钱，会上当继续转账，一步步被套牢。我们需要记住，任何超出自身认知或身份的不相配的财富、声望等都需要引起警惕。正如投资界常说的一句话，当利息高到一定程度时，你想要高收益，对方想要你的本金。

恐惧则是我们担心失去现有的东西，担心失去财富，担心安全得不到保障，担心健康状况恶化。当我们产生恐惧，担心失去，担心无法获得的时候，我们内心的情绪就会产生较大波动，而情绪的波动会冲垮我们原本的理性判断，使我们成为情绪的奴隶。无论是对爱情的渴望，对财富的追求，还是对失去健康的恐惧，这些情绪都会让骗子有机可乘。

认知失调也使人容易上当受骗。很多人在被骗后，仍然执迷不悟，最终让自己越陷越深，最终被骗子骗光所有钱财。这是认知失调在发挥作用。心理学家费斯汀格通过大量研究提出了"认知失调"的概念，它指的是当人发现自己的行为和心目中的自我形象不符时，会编造一个理由合理化自己的行为。

20世纪50年代，美国有个教派相信某年某月某日是世界末日，只有教派的教徒才会被外星人接走，而剩下的人将和地球一起毁灭。结果到了那一天，飞碟没来，地球也没有发生灾难。面对这个事实，许多教徒开始反思，认为自己这么聪明的人怎么会被骗呢？于是他们给自己找了个解释：并不是他们的信仰出了问题，而恰恰是他们的信仰感动了外星人，让他们推迟了世界末日。

这就是认知失调。它反映了人类心理的一个特征：当我们遇上和原有的知识经验相悖，或者说与预期不一样的情况时，往往会忽视甚至否认事实，顽固不化地坚持原有观点。人是不会轻易改变自己原有的想法的，接受和原有认知不一致的信息不是一件容易的事，会让人在新知识、现实和固有的经验之间纠结、挣扎、难受，产生失调。

这很好地解释了前面周大伯的例子。经常有不法商家向老年人推销高价且没有保证的保健品，将保健品宣传得神乎其神，包治百病。稍有辨别能力的人一看就知道是假的，可还是有很多老年人执迷不悟。如果你上去说这不科学，是骗人的，千万不要买！他们反而会生气，跟你翻脸，斥责你不懂。诈骗团伙被抓时，受骗的老年人甚至会阻挠警察抓诈骗团伙。

是这些老年人智力出问题了吗？不是的，其实他们很多都清楚这些保健品没啥效果，但是他们拒绝承认这一事实。因为一旦承认，就是在告诉别人他们犯了愚蠢的错误，自己被骗了。于是他们会拼命说服自己，高价买来的东西是有用的，只是还没有发挥疗效。

******

哥伦比亚大学的心理学博士康妮科佳的《我们为什么会受骗》①归纳了一个骗局通常具有的五个环节，我们可以了解一下，以提高对诈骗的免疫力。

①　玛丽亚·康妮科娃：《我们为什么会受骗》，孙鹏译，上海文化出版社，2021。

第一步，获取信息。 也就是确认受害者的身份，明白他是谁，想要什么，如何利用他的欲望获取自己想要的东西，也就是"知己知彼"。

第二步，动之以情。 是指与受害者建立感情关系，为后面施展骗术打好基础。

第三步，请君入瓮。 实施计划，编撰完美的故事，这个故事必须都是有利于受害者的，因为只有这样才能获得对方的信任。

第四步，欲擒故纵。 骗局真正开始后骗子就会利用受害者的信任和欲望编造故事使自己获利，受害者越是信任，就越是容易被骗，在骗局中也会陷得越深，甚至当发现自己被骗得身无分文时，仍旧深信只是自己运气不好。

第五步，溜之大吉。 受害者的深信为骗子提供了一个又一个行骗的理由，当受害者深信自己只是运气不好时，他们早已溜之大吉。

我不是那个我了——洗脑

事后回想起来，老张依然有些后怕。

前几天早上老张在小区附近的广场遛弯，看见一张桌子前围着几个老年人，他也好奇地走近看看。 一个自称供职于某健康杂志社的年轻人告诉他只需要填几个信息，就可以获得几本健康杂志和一小箱鸡蛋。 老张留了自己的手机号，然后提着鸡蛋拿着杂志乐呵呵地回家了。 路上还不忘跟人说快去领鸡蛋。

几天后，老张接到一个电话。 对方说邀请他去参加一场健康讲座，讲座上有著名国宝级医生科普健康知识，机会难得。 但是讲座需要收费 20 元。 主办方为了减轻老年人的负担，争取到了赞助商，虽然需要掏 20 元门票费，但是赞助商会提供价值 50 元的商品作为回报。 带着疑问，老张想到上次领鸡蛋的事，最终决定去听听。

现场气氛让老张大开眼界。 先是"国宝医生"在台上讲保健常识，很多知识老张都听过，也感觉医生讲得很好。 但讲着讲着，内容就开始变味了，变成讲赞助企业如何科学研发，投入多少年多少金钱，研发出能显著改善老年人健康的某某产品。 最后，这位"国宝医生"说大家付了 20 元门票费，可以换价值 50 元的商品或者"每满 100 减20"的折扣券来购买商品。 尽管老张的几个老伙伴没少买，但老张没有额外花钱。 他只用门票换了一小瓶保健品回家试用。

又过了几天，老张又接到电话去某宾馆参加一个讲课。 这次讲课的专家名头更大。 当他到达某宾馆的会议厅，发现会场装修豪华、十分高档，会场四周张贴着各类口号和宣传海报。 工作人员更是热情，老远就喊"大伯、大妈"，笑起来比自家孩子还亲。 但接下来的气氛更加吸引老张，可以说"空前热烈"：台上的人拿着话筒高声叫喊，台下的老年人们应声高呼。 这样的场面差点让老张惊掉下巴。 连平时看上去内敛的老邻居，都在那里一脸虔诚地振臂高呼。

讲课结束后，推销员拿出了各种保健品，围住老人，向他们详细地介绍各个保健品的用途。 大约半个小时后，讲课的老师走上讲台，跟主办方"争论"：今天必须拿出诚意，必须给足他面子。 他当着所有老年人的面和保健品公司讲价，要求保健品公司必须给优惠，直到公司经理捶胸顿足，说要赔死了为止。 最终讲课老师给大家争取到一个超低折扣——原价两折，限量发售，卖完即止。

现场气氛达到高潮。 很多老年人争抢着付款。 老张差一点就心动了。 他找了个机会逃了出来。 现在他明白了，这家公司其实是通过三个环节在筛选目标人群，每个环节都愿意花钱的老年人就是他们的"核心客户"。

他再也不敢参加类似活动了。

******

"洗脑"很形象，但听上去具有极强的贬义，仿佛我们的大脑被拿出来重新刷洗了，并且在刷洗后思维也被改变。

洗脑是指通过反复告诉某人某事是真的，并阻止他们获取其他信息，从而使某人相信某事。 学术上通常将洗脑定义为一种对个人或群体的强制性劝说、思想改造、心灵控制和胁迫改变想法的过程和后果。 这个定义强调洗脑可以是一个过程，也可以是一个后果。 通俗意义上，洗脑是通过一系列手段，把某些思想(虚假的事实、扭曲的真理等)强行植入他人思维中，清除其原有认知体系，建立新思想体系的一种心理操纵术。

从这些概念出发，"洗脑"涵盖的范围比较广泛，比如公司老板描绘的虚无缥缈的美好蓝图、电视上夸大宣传的广告、传销组织让人信以为真的致富捷径、邪教组织对成员的精神控制，这些都是洗脑。

洗脑通常被认为是不道德的。因为洗脑者通常迫使他人接受自己的观点，压抑他人的观点。采取的手段也具有负面特征，比如欺骗、强迫等。结果会导致受害者放弃自身观点，成为他人的傀儡。因为"洗脑"一词具有的负面意义，很少人愿意用它。因此，社会上存在很多类洗脑的词汇，他们具有洗脑的某些特征，却披着友好的外衣，听上去更容易接受，比如思想改造等。

洗脑相关理论起源于20世纪60年代的美国，用来解释和反对当时全球范围内具有邪教性质的新宗教运动的迅速发展。① 这些新宗教组织采取具有侵略性的招募策略(aggressive recruitment strategies)、严苛的训练规则(strenuous training regimes)和通过前沿组织(front organisations)的欺骗性宣传等扩充和维持信徒。相关研究后来逐渐发展成一种社会心理学理论，用来解释这些组织应用的策略。研究侧重两点：一是邪教组织招募组织成员的手段，邪教如何用这些手段来改变人的正常思维和想法，把他们吸纳到组织中；二是邪教留住成员的方法，当人们误入邪教后，防止他们动摇，就需要彻底改变他们的

---

① Ushiyama, R. "Discursive Opportunities and the Transnational Diffusion of Ideas: 'Brainwashing' and 'Mind Control' in Japan After the Aum Affair," *The British Journal of Sociology*, 2019, 70(5): 1730-1753.

思想，让他们永远留在组织内，充当组织忠贞不渝的成员。研究者尝试获得关于"洗脑"的认识和教训，这些认识和教训对提醒人们提高警惕、珍视心智健康、学会抵御外来思想操纵和控制都是非常必要的。

1978 年美国琼斯镇"人民圣殿"教组织近千人集体自杀的悲惨事件，至今仍然是社会心理学和其他一些学科讨论的话题，提醒研究者和普通民众，洗脑会造成现实危险。1995 年，日本东京奥姆真理教地铁毒气事件，也提醒着人们被洗脑的风险和危害。

1971 年，麻省理工学院教授艾德佳·沙因（Edgar Schein）提出了对人进行思想改造的四个要点：一是批评和批判，是对改造对象进行猛烈攻击（批评、批判、批斗、斗争），以此动摇并瓦解他的自主意识，为新思想输入奠定基础；二是把改造对象放到某个或数个压力同伴群体（peer group）中，用同伴的力量影响他，这类同伴群体包括同行组织、同事和熟人等；三是在同伴群体中给他造成极大的精神压力，如歧视、鄙视、排斥、羞辱、疏远、贬为异类等，只有这样孤立他、贬低他，他才会产生不顾一切要与他人保持一致的强烈愿望；四是通过包括同伴群体等社会力量，对改造对象形成舆论合围，巩固思想改造的成果。

这四个要点的综合运用，可以对个人、群体进行思想改造，并且一旦形成思想习惯，很容易维持下去。

另一位学者罗伯特·利夫顿（Robert Lifton）对思想改造（thought

reform）进行了研究，他本是一名精神病学家，发现通过思想改造可以让一个人精神发生巨大变化。基于自己的观察研究，他提出了更详细且具有可操作性的思想改造策略，主要包括八个方面。①

第一，控制社会环境。控制一个人从社会环境中获取信息的通道，使其与社会其他部分割裂。

第二，制造神秘主义。制造某个具有"绝对正确"的超验和神秘力量，这些人必须具有如同宗教领袖的抽象性和神秘性（身边真实个体容易丧失神秘光环），可以是至高无上的权威、慈父般的伟大救世主等。

第三，制造对立世界观。给受害者灌输非黑即白、非此即彼的敌对世界观，创造坚守敌我、势不两立的观念和思想。如果不站在我方，就是站在敌方，迫使他人站队。

第四，制造羞愧感。让被改造者不断反思自身缺点，迫使他们坦白、交代一切，并将这些内容公之于众、暴露在所有人视野中，以此制造羞愧感和罪恶感。

第五，树立至高真理。将某些教义确立为绝对真理，不容置疑或争辩，任何的质疑和争辩都是亵渎。同时，强调其他思想学说都是歪门邪说和敌对势力。

第六，语言暴力。这里的语言暴力不是辱骂，而是制造一些他

---

① Lifton, R. J., *Destroying the World to Save It: Aum Shinrikyō, Apocalyptic Violence, and the New Global Terrorism*, 1999, New York, NY: Henry Holt and Co.

人无法理解的专门术语和固定说法来塑造人们的思想和观念，让大量词语具有独特意义，外人无法反驳。

第七，强调服从。当把某个思想或教义定为真理后，再反过来用这些"真理"禁止其他思想，如此形成自我循环论证。

第八，捆绑个人命运。在组织中，一个人命运的好坏，是"自己人"还是"敌人"，成功还是失败，完全取决于他与组织的思想是否一致。

综合关于洗脑的研究，我们发现洗脑被广泛应用在社会层面。我们在本书中不讨论宏观层面的社会问题、信仰问题，更多从个体心理层面对这一现象进行深挖，了解其作用机制，避免被他人影响和利用。

******

很多人一听到洗脑，以为都是某些强势组织才会做的事情，而事情恰恰相反，洗脑就发生在我们身边，每个人每天都面临着被洗脑的危险，身边的人和组织都可能对我们进行洗脑。

洗脑利用的是人们常见的心理弱点和心智缺陷，因此每个人都有可能被洗脑。了解洗脑的心理运作机制，有助于我们对洗脑有充分的认识和警觉。

那么，人为什么会被洗脑？其中的科学依据是什么？

沙因和利夫顿都强调了环境对人的巨大影响。在环境对人的影响方面，社会心理学进行了大量研究。斯坦福大学的菲利普·津巴多(Philip Zimbardo)做过一个非常著名的"监狱实验"，他还进行了有关思想控制的大量研究。关于思想控制，他指出，思想控制既不神奇也不神秘，而是一个运用社会心理基本原则的过程，它所包含的心理学影响因素在心理实验和实例研究中都已经有充分的研究，包括从众(指个人的知觉、判断、认识受外界人群行为的影响而表现得符合公众舆论或与多数人的行为方式一致)、服从(个体在社会要求、群体规范或他人意志的压力下，被迫做出符合他人或规范要求的行为)、失调、抗拒、罪恶感、恐惧、模仿、身份认同等心理过程和特征。这些特征表明环境对人具有极强的影响，而当这些因素一起发生作用，就会形成一个大熔炉，这个大熔炉能极大地改变人的思想和行为。

现实生活中的外界因素有很多，既包括具有魅力的权威领袖、高压的意识形态，也包括个人在社会中被孤立、受到肉体折磨、非理性惊恐、极端的威胁和利诱等。所有这些因素结合起来，能够起到欺骗的作用。这些因素被长时间运用，在特殊的地方强化运作，一定能发生作用。只要系统地利用这些外界因素，就能控制他人，转变人的思想，使他们心甘情愿地去折磨和杀害被制造出来的"敌人"。这一过程能让被洗脑的成员不知疲倦地工作，贡献自己的金钱，甚至生命。

在微观层面上，神经科学也提供了某些证明。加拿大心理学家唐纳德·赫布（Donald Hebb）看了巴甫洛夫的条件反射理论之后，思考狗在神经层面如何把开门的铃声和分泌唾液联系在一起。

他认为，巴甫洛夫的狗脑袋里有一个"开门"神经元，还有一个"唾液"神经元，它们本来不相互作用，也没有联系。但是，在巴甫洛夫的实验中，"开门"神经元兴奋的时候（听到开门铃声），也常常伴随着"唾液"神经元兴奋（吃东西）。于是，时间一长，两组神经元就联系在了一起。这就是著名的赫布法则"一起激活的神经元连在一起"（Fire together, wire together）。

牛津大学教授凯瑟琳·泰勒（Kathleen Taylor）在《洗脑：思想控制的科学》（*Brainwashing：The Science of Thought Control*）一书中指出，针对人类大脑的神经科学研究证明，人的思想会发生变化。生理学的研究发现，人的大脑中有一些神经轨道，在受到新信息和新奇刺激时可以打通，变得通顺。因此，当教条的语言被反复不断灌输进大脑时，神经元之间的轨道就会被打通，形成一种类似条件反射的"自动想法"，不再怀疑这种思想的正确与否，也就是说，人的思维被"程序化"了。

******

由于每个人都有可能被洗脑，因此就需要提升认知，让更多人对洗脑有充分的警觉。在对洗脑保持警惕的同时，有更多的机会相互提醒，防止某些人利用环境对人的影响实施操纵。

如何识别洗脑行为？ 如果某个人或组织表现出以下特征，那么就要引起警惕。

第一，创造某些特殊的场合，让人感到特别庄重，特别压抑，甚至产生特别不适应的感觉，这极有可能表明对方精心打造了一个空间。

第二，特殊且统一的仪式，统一的煽情场景和语言等，对人的感召力非常强。

第三，在封闭且隔绝的环境中进行上述的特殊仪式、特殊语言的操作。 因为洗脑越想快速成功，就越需要封闭、隔绝的环境。

第四，新的思想体系冲破原有的知识框架，且新的知识不断循环论证，不断重复，进行强加的影响和灌输。

第五，对方阐述的观点在逻辑上存在循环论证，这说明这些观点是经过精心设计的，并且经过多次验证、多次"纠错"，对方会在论点、论据和论证过程方面精心布局。

第六，重复、反复他们的核心观点，且不加论证。

第七，贬低现有认知，然后展示美好的未来和前景。

第八，使人逐渐对相关组织和人产生依赖，害怕失去他们。

如果某个人或组织有上面所指出的一条或多条行为，那么就要警惕了，他们极有可能在实施洗脑。 即便不是洗脑，也是在利用洗脑的相关原理，对人施加影响。

第五章

拿回人生主导权

情感需求压倒理性思维，将受害者置于危险境地。

意识到问题是最艰难的一步

意识到自己正在被操纵、PUA、欺骗或洗脑，其实是最艰难的一步。

阅读了本书前面的章节，我们可以反思自己的性格和心理，努力寻找自己有哪些容易被他人操纵利用的弱点；也可以意识到潜在的操纵者具有怎样的人格特质，能及时觉察和识别操纵者的操纵手段和策略。这样一来，看待周围人的态度也会开始发生变化，也就能够对他人具有操纵和欺骗性质的行为有足够的警惕。

最理想的状况是，在识别和认清操纵者之后，在落入操纵者的陷阱之前，就远离他们。但如果已经成为操纵者的猎物，正被他们以某种方式操纵和利用着，也可以利用本书的技巧摆脱操纵。并且，一旦觉醒，那么离真正结束这段有毒关系就不远了。只要学习了操纵的心理作用机制，我们就可以摆脱操纵。

前文已经列举了心理操纵、PUA、欺骗、洗脑四种有毒关系，提炼了它们的特点以及需要警惕的方面。但是，除了这些典型的有毒关系，还存在其他各种各样的操纵利用行为，我们无法一一列举。

实际上，即便我们明白了心理操纵、PUA、欺骗和洗脑的原理，甚至怀有警惕，但花样翻新的骗术依然让很多人深陷其中。因此，深层次提升一个人对有毒关系的认知十分重要。

我们首先要思考一个问题，如何发现我们正处于一段不健康的关系之中？答案其实很简单，那就是对这段关系的感受和反应。我们要时常检验自己是否处于一段有害关系之中。如果感到自己在这段关系中处于不平等的地位，与对方相处起来很困难且令人难把握，那么就要对这段关系保持警惕了。因为，有两类人最容易对我们实施操纵：一是能给我们提供我们最需要的东西的人，比如职场中的上级，他们掌握着我们的收益、奖励、升职等，或者恋人、亲人和朋友，他们能提供精神依恋和情绪价值；二是有能力给我们带来伤害和恐惧的人。

要摆脱操纵关系，最有效的方法是改变自己的应对策略，让操纵者的操纵手段不再有效，让他们知道你的反应，知道你认清了他们的欺骗、操纵，当然，这势必会改变他们对你的态度。

此外，更重要的是要掌握一些行之有效的抵御技巧和应对策略，让自己不再脆弱，在面对他人的贬低时不再退缩，在面对新的关系时保持警惕。将自己武装起来，挫败操纵者的操纵手段、摧毁他们的操纵意图，只有这样，才能真正摆脱"吸渣体质"，成为一个不再受困于不平等关系的人。

要提醒自己，即便已经处于一段有毒关系之中，你也并非毫无力量。 你仍然有能力、有机会打破现状，摆脱有毒关系。

如果怀疑自己正在被操纵、PUA、欺骗或洗脑，可以通过以下描述对照自己的感受，进行自我检查。

1. 自我怀疑。你开始习惯在做每件事时都质疑自己，无法为自己做出决定。

2. 快乐消失。你在生活中不再感到快乐，或快乐明显减少。

3. 不安全感。你时常感到恐惧和不安全。

4. 孤立感。你感觉自己在慢慢失去身边的其他人，觉得自己活成了一座孤岛，岛上只有对方一人。

5. 行为发生巨大变化。你觉得自己好像变成了和过去完全不同的另一个人。

注意：这不是一份标准的量表。只是作者依据人可能发生变化的几个角度设置的自我检查。因此，结果更多用于提示，仅供参考。

离开是最佳选择

小丽决定结束这段恋爱关系。 在她和乔丰认识的时候，她就明确说出自己的想法：想尽快生孩子。 毕竟自己已经34岁了，岁月不饶人，年龄越大生产的风险越大。 乔丰最初一口答应下来，他说自己也喜欢孩子，等他做好准备，一定会努力成为一个好父亲。

她很庆幸自己遇到了对的人。他们认识不久就住到了一起。她相信自己的婚姻就在眼前。但是，两三年过去了，乔丰仍然没能做好准备。每次问他结婚的事，他都会闪烁其词："再给我点时间。"然后，他就会转移话题不再讨论这件事。如果她执意再提，他会变得烦躁，对话难以进行下去。

她甚至为此犹豫过是否要离开乔丰。但是每当她提出此类想法时，乔丰总会表现得格外殷勤、体贴，甚至有几次还痛哭流涕，说自己不能没有她。这都让小丽心软，选择多给他一点时间，她劝自己再耐心一点，再给乔丰一些时间。

但是，这种情况并没有改变，每当小丽提出结婚，乔丰都表现出不悦，两人甚至激烈争吵。只要涉及结婚的话题，两人的关系就进入冷战。小丽知道，这样下去她永远都没机会走进婚姻，不会有自己的孩子。

尽管不知道自己是否会遇到更好的人，尽管不舍得与乔丰的三年宝贵时间，但是小丽决定跳出这个循环。

她想好了。

******

如果在一段关系中处于受害者地位，那么他人的影响几乎会侵入个人生活的所有方面。面对这种不平等关系，很多人选择顺从，但是，顺从行为不会获得他人的同情，顺从只会让自己越陷越深。因为对操纵者的每一次顺从，都是在强化他们的操纵行为，给予他们成就感和正向反馈，让他们更加肆无忌惮地实施操纵和利用。

因此，必须将自己从对方带来的那些无助、失控、依赖感等负面情绪中解放出来，必须要求自己直面这一现状，意识到这些负性情绪是操纵者带来的感觉，而不是事实，认清这一点后，才更容易说服自己勇敢面对现实。只有清楚认识带来的坏情绪和自己的真实能力之间的关系，才能发挥自己的力量，打破人际关系的怪圈，消除操纵者施加的负面影响，摧毁其操纵意图。

永远不要尝试改变操纵者。操纵者实施欺骗、洗脑、操纵和PUA，这是他们的主动选择，不会因为受害者的付出而大发慈悲，进而改变自身行为。因此，处于弱势一方的人首先要做的就是放弃改变对方的幻想。很多受害者误以为自己能改变操纵者，这是一种致命的错觉，也是错误路线。

真正要做的是改变自己，着眼于改变自身现状，这是一个人能力范围内所能做的事情，甚至是唯一能做的事情。不平等的人际关系是双方行为的结果，包括操纵者的控制和受害者的退步顺从。改变顺从的行为，改变应对操纵者的方式，就是让不平等关系中的欺骗、操纵等无法达到效果，当操纵不再有效，也就打破了不平等的循环。

记住，任何人在任何时候都有能力抵抗操纵，打破不平等循环，让他人的操纵意图失效，及时止损。而选择顺从就是选择和对方共谋。

不再扮演一名顺从者，不再服从于对方的操纵、欺骗、PUA、洗脑或其他控制手段，不再让这段关系给自己带来压力，最容易实施的策略就是反抗或者逃离。反抗是拒绝顺从的行为，逃离是摆脱关系的行为。反抗和逃离都能让受害者开始认识自己，把控自己的生活。

＊＊＊＊＊＊

无论是选择反抗还是逃离，面临的第一道心理障碍都是担心失去目前拥有的东西。因为已经为当前的关系付出了太多，反抗或逃离大都会让所有的付出化为乌有。

这样的担心是错误的，因为所有已经付出的都是沉没成本。

什么是沉没成本？让我们先看个例子。

周末，你和朋友逛街的时候，经过电影院。你们没仔细看各类影评，简单依据海报每人花 50 元买了某场电影票。当电影开始后，你们发现它是部标准的烂片，是粗制滥造的作品。这时候你是选择继续看完（已经花钱了，对得起自己的票钱），还是果断离开电影院？

正确的决策是你应该忽视已经花掉的 50 元。因为无论做出什么决定，这 50 元都已经花掉了。你要立足现在，依据你对电影的观感来做决定,而不应该再与买票的事情建立联系。

这 50 元就是沉没成本,是以前付出的、与当前决策无关的费用。 当前的决策所要考虑的是未来可能发生的费用及带来的收益,而不考虑以前发生的费用。 你完全可以离开电影院,做些更有意义的事情。

如果上面这个例子不够直接,我们再看一个更直接的例子。

你花 3 元钱买了一个苹果,一口咬下去却发现里面是烂的。 这时候你会因为舍不得花掉的 3 元钱,硬着头皮把烂苹果吃掉吗? 我相信绝大多数人不会这样做。 因为 3 元钱反正都回不来了,与其吃一个烂苹果,不如扔掉。 这时候,你要提醒自己,沉没成本就是指那些已经发生但不可收回的成本,所以无论做什么事情不要考虑沉没成本,要及时止损。

在人际关系中,很多人都太看重沉没成本。 比如,处在一段恋爱关系中,明明对方不合适,对方身上存在很多难以忍受的缺点,但还是不舍得分手,根本原因就是已经付出的时间、金钱、感情无法割舍,分手等于曾经的付出都付诸东流。 但是,运用沉没成本的思维,我们要提醒自己,已经付出的时间、金钱、感情都是沉没成本,无论做什么都无法收回,所以对于觉得不合适的感情不要考虑沉没成本,要及时止损。

面对有害的人际关系,比如操纵、欺骗、洗脑、PUA,我们都有能力摆脱,无论选择反抗还是逃离,只要我们改变顺从的态度,就能走出第一步。 但是，很多人即便认识到这一点仍然无法做出决定，付诸行动，很大的原因是对曾经的投入无法割舍。 这个时候，如果明白沉没成本的意义，仔细思考上面"烂苹果"的例子，就能够尽早下定决心摆脱有毒关系。

******

尽快逃离有毒关系，不要对这段关系中占优势的一方存在任何幻想，因为对方不会被感动，也不会因为你的付出而产生怜悯。 不要尝试修复这段关系，因为它带来的情感伤害无法修复，无论如何修复，这段关系都不值得珍惜，逃离才是最健康、最有效的策略。

但是，斩断一段关系，即便是一段有害的人际关系，也会给人带来悲伤和痛苦的体验。 然而，相较于在这段关系中作为一名顺从的受害者，结束这段关系虽然在初期带来痛苦，但很快就能从痛苦中走出来。 做顺从的受害者，最终只会导致自己放弃自尊，放弃完整的人格，长远来看将越陷越深，彻底失去自我，失去自己的价值观和自我认知，甚至放弃自己的信仰，人生将毫无希望，这才是真正的灾难。 所以，如果可能，特别是这段关系根本就不值得维系的时候，逃离是最好的选择。

尽管逃离是最好的选择，但是，人的逃离能力会受环境所限，比如亲戚关系、血缘关系或者暂时还无法离开的职业等。 这个时候，逃离就不太可行，至少在短期内难以实现，可以通过调整自己来达到疏离的目的。

这时候需要调整自己的行为，改变原来的人际相处模式，通过学习和应用一些关键的技巧，使对方的操纵行为不再奏效，避免这段关系产生伤害。这些技巧和策略可以循序渐进，逐渐降低操纵行为的效果，使其产生作用的条件越来越苛刻，每一次操纵都比前一次困难。虽然操纵行为不会完全消失，但是频率会降低，甚至控制在可以容忍的范围内。

反抗是另外一种选择。反抗能够让这段关系不再以以前的方式和逻辑运转，让操纵过程不再奏效。

首先要强调一点，当受害者开始反抗的时候，施加影响的人往往认为是自己的做法不够狠，给对方的压力不够大，因此会加大影响的力度。这个时候，一定要坚持自己的信念，不对压力屈服。这一行为将迫使对方发生改变，要么放弃操纵（寻找其他更容易的目标），要么改变行为和态度，以更加健康、尊重的方式对待这段关系。虽然在一段时间内会感受到非同寻常的压力，但这是值得的，只要度过这一段艰难的适应期，就能获得健康和平等的人际关系。

当关系在表面上恢复到相对平等的状态，对方也不再将你视作操纵目标时，也不要掉以轻心，要随时保持警惕，因为对方具有某些有毒的人格特质，只要有机会他仍然会再次实施操纵。所以，当反抗发生作用时，就要尝试尽早摆脱这段关系。

给自己留出反应的时间

孔玥已经难以忍受她的上司了。 她们办公室 8 个人，需要加班的活每次都会找她做，导致她每天都不能准时下班。 每次需要她的时候，上司都会口头承诺给她加薪升职。 但是，等事情办完，这些承诺就不作数了。 最终，连口头许诺都懒得说了。

她决定改变现状，第一步就是不再马上接受上司的命令。 这一次，上司的电话打来，她决定试着改变。

上司：小孔，周末有个大型会议，你来组织下。

孔玥：谢谢领导抬举，您可能需要等一会儿，我需要考虑一下，再告诉您我的决定。

上司：这个你还需要考虑吗？ 对你来说不是轻而易举的事情吗？

孔玥：我需要考虑下，看看我的安排，之后会告诉您我的想法。

上司：你知道离周末没有几天了，这是个很重要的活动，我现在就需要你给我一个准确的答复。

孔玥：我知道您很着急。 但是，我需要一些时间考虑，考虑好了我再找您汇报。

上司：你到底要考虑什么。 你为什么这么不可理喻，你不能这么对待你的工作，今年的考核优秀你还想不想要了，我前几天还和某领导提起你能干。 你到底要考虑什么，你直接告诉我。

孔玥：我知道你很失望，但是，我需要考虑一下才能给您答复。

上司：你到底是怎么想的？ 你对得起我这些年对你的培养吗？
你还打算一直这么重复下去吗？

孔玥：我知道您很伤心，但是我确实需要一些时间考虑。

上司：我相信你会做出自己的决定，来组织这个会议。 我也不
多说了。 再见。

******

**行动策略一：不立刻答应对方的要求，而是在他人的要求和自己的反应
之间留出时间**

在大多数情境中，人很难做到一走了之，抵抗就成了应对策略。
相对于逃离策略，抵抗策略可能会经历人际关系的打破和重建，因此
它是一个相对复杂的过程。

我们有必要将抵抗策略进行细致分解，看看我们日常生活中可以
使用哪些技巧抵抗他人的影响。 记住，策略不分先后，也不分高
低，主要是适用的场景不同。 另外，通常一种策略很难改变他人的
操纵行为，综合运用多种策略效果更佳，更能真正摆脱控制。

那些尝试操纵、欺骗、PUA或洗脑的人会用不同的方式施加压
力、提出要求，为了达到控制的目的，甚至会使用某些诱发应激反应
的方式，如暴怒、喊叫、制造恐怖气氛等来制造声势，以便让受害者
无所适从，思维陷入混乱之中。 在这种情境中，很多人会选择服从

来息事宁人，通过服从对方的要求逃避突如其来的压力。不但如此，很多人甚至在对方实施这些策略之前，就已经放弃了抵抗，选择按照他人的意愿去做。原因很简单，这样做会减轻不适感，也会让痛苦的影响很快消退。

不立刻答应对方的要求，是抵抗对方意图的一种重要策略。服从操纵者的激烈反应实际上是给对方正强化，让他知道他的策略产生了效果。因此，必须给自己留出反应时间，尝试打破这一模式。不给予对方正向反馈，比如，不立刻答应对方的要求，就会让对方产生疑惑，不知道自己的行为是否有效，也就会对自己操纵行为的结果产生怀疑，这是阻断正向反馈的有效策略。

给自己留出反应时间。在面对他人的激烈情绪时，通常自己的负性情绪反应（比如担心、害怕、感受到威胁等）也会被诱发，而人具有一种逃避负性情绪的本能。心理学研究发现，负性情绪会影响心理状态，比如遮蔽记忆、关闭大脑感知通道、使思维迟钝、出现冲动行为等。在人类进化过程中，负性情绪通常伴随着危险、挑战，甚至生命威胁等。在人类社会早期，人类在狩猎采集中面对野兽袭击、部落斗争或者其他生命危险时，就会启动"战斗或逃跑"的反应，生理上出现心跳加速、呼吸急促的反应，这些反应是为了给四肢肌肉充分供血，以便为战斗或逃跑储备足够的养分和氧气。这个时候，人类的高级认知功能处于关闭的状态，思维比较迟滞。

在这种状态下，我们很难做出理性思考，因此要尽量避免在这样的状态下做出选择和决定，这就是给自己留出反应时间的原理。只有不受操纵者施加的压力和自己被激发的负性情绪的影响，在相对平静的心境下，才能仔细思考遇到的问题，做出相对理性的决定，这样一来对方的操纵策略便会失效。

给自己留出反应的时间也是不想立刻发生激烈对抗时的过渡手段。这一策略没有直接否定对方的要求，相对不会引发对方更激烈的情绪，也比较容易实施。因此，在遇到他人的操纵影响时，想要打破原有的关系模式、打破直接顺从的反应定式，那就从给自己留出反应的时间开始。具体应对话术如下。

第一类策略：转移话题。

我会仔细考虑您的建议，我需要稍后给您反馈，不好意思。

我可能需要您稍等片刻，谢谢您的耐心。

第二类策略：直接表达需要时间考虑对方的要求。

您的提议非常深刻，我可能需要一些时间消化相关内容，等我想清楚了再跟您讨论。

我现在没有办法给您答复，我需要思考一下，我会尽快告诉您结果。

除了这些话术，也可以采取一些有效的行动。

在人与人面对面交流时，如果对方的某些行为让你难以招架，一定要尝试打破自动顺从的习惯，给自己留出时间，哪怕几分钟。努力让自己不要立刻说"是""好的"。有时候，可以从现场逃离几分钟。

比如，面对对方的要求或者激烈反应，可以给自己倒杯茶，把桌子简单擦一下，或直接尿遁，等等。这些行为都能暂时地缓解压力，让理性归巢。往往这几分钟时间，能够让你打破立刻反应的习惯，思考下一步行动。

这给操纵者表明了一种态度，他的行事节奏和时间表都被打破了，操纵策略也不管用了。这也是向其传达了你具有独立思考的能力，不会受他的影响。

要注意的是，在表达这些意思、做出这些行为、说出这些言辞时应该努力表现得心平气和。要达到这样的效果，可以将上面几个代表性的句子抄下来，反复练习。你也可以依据自己的工作现状，预先想好几个可能的回答作为备用。这样，在真正遇到时就能做到脱口而出。不要临场发挥，要打有准备的仗。只有让语言成为行动，行动成为习惯，才能应对自如。

第一次尝试改变，在操纵者面前应用拖延战术时，可能会显得不够冷静，甚至有些害怕，但是不要担心自己表现得不完美，感到局促和不安是很正常的，因为挑战自己、改变自己根深蒂固的习惯反应和行为倾向都会产生不舒服的感觉，但改变就来自于打破这种不安，直面对方的压力和自己的负性情绪。

就跟上台表演一样，充分练习，多次演练，一定会越来越完美。每一次都将注意力放在说出的话和做出的行动上，让话语和行动都像练习时那样自然，这样熟练之后，就能应对自如，不受对方施加的压力影响，能够随时冷静思考，最终打破自己常用的思维定式。

记住，只有自己才能打破这一循环，因此必须下定决心，改变已经形成习惯的顺从反应。 并且，随着不断改变自己的应对方式，自我评价、自我信心都会增强，生活也会变得更加自由，负性情绪将减少，快乐情绪将增多。 你将重获对自己生活的掌控权。

******

行动策略二：使用简单重复策略，不做过多解释

当然，操纵者不会轻易放弃，在他们的思维惯性里，受害者应该立刻顺从才对。 因此，面对受害者的抵抗，他们从最初的错愕回过神之后，可能会尝试其他策略。 因为作为精通施压和胁迫的大师，他们不会因为一次不顺畅而放弃。 这时候他们会施加更多压力。

他们可能说："我不要等，你立刻给我答复。""你要考虑什么，你为什么要考虑，你解释一下！"

他们会努力将交流拉回到他们能控制的节奏上来。 但是，面对这些咄咄逼人的质问，一定要沉住气，因为一旦打破原有的节奏，交流的节奏就掌握在你的手中了，现在是你在控场了。 对方越是逼

迫，说明他越是急躁，而急躁会让他在这段关系中处于弱势。

这个时候切记不要因为对方逼问就真的跟他解释，不需要和对方解释原因，也不需要告诉他何时会做出回应，更不需要许诺会按照他的要求去行动。 越是保持这种反应模式，对方就越难控制你。

那些尝试操纵的人肯定会希望你像以前一样自动表现出顺从，至少在他的威吓之下，以他预期的方式行动。 因此，他们可能会进一步增强压力，迫使你回到原来的路径上，表现出顺从行为。 这时候一定不要如他所愿，拒绝立刻给予顺从的回复。

这时候可以用"卡住了"策略，就像网速跟不上时卡在某个画面的视频。 不管对方如何反应，不断重复前面说的话。 比如，"谢谢您，我已经明白您的意思，我需要考虑一下再给您答复。"

无论对方怎么逼问，不断重复这一句话，不做过多解释。

对方这时候会要求你给出原因，解释为什么。 这时候一定要沉住气，不要解释，也不需要解释。 一旦尝试去解释或者讨论相关内容，就会因为说话太多而导致失败。 在解释的过程中，对方很容易找到破绽和反驳你的理由，你就很容易再次进入对方制造的循环中，失去对整个局面的把控。 因此，无论对方多么咄咄逼人，无论你感到多大的压力，都不要争吵或辩论。 只需要不断重复上面的话，躲避对方的追问。

记住，你有权按照自己的意愿行动，你不是一个提线木偶，不回答、不解释是你的权利。 对方不断追问，就是想剥夺你思考的机会，让你们的交流回到原来的轨道上去。 这时候，必须坚持住，保持自己的节奏。

这时候可以参考开头例子中孔玥面对上司追问的回应。 以往面对上司的各种威逼利诱，她恐怕早已缴械投降，做出顺从的决定。 但是，她要做出改变，给自己留出反应的时间。 而他的上司显然不适应这一突然的变化，应用各种策略威逼利诱，尝试逼迫她就范。 但是，孔玥采取了"卡住了"策略，坚持"要考虑一下，等一下再回复"。

孔玥没有回答上司的任何问题，也没有向上司道歉，她只是不断重复。 她把控得很好，没有岔开话题。 她没有否认会议很重要，没有否认领导提拔她的许诺，也没有和领导辩论她以前的许诺根本没有兑现，更没有揭穿上司培养她的谎言。 她没有辩论，也没有解释，她也没有直接顶撞上司。

学会直面负性情绪

"上次你做错的事我一直帮你保守秘密，这次你要帮我完成一些工作。"

同事一边说，一遍扔过来一堆材料。

这已经不是第一次了，小李叹了口气。 因为自己确实欠同事一个人情。 上次自己做的材料，同事帮忙指出了一些错误。 如果这些材料直接拿给上司，势必会引起上司的责怪。 为此他内心是感激同事的。 于是也努力帮他做点事情，算是对其帮忙的回报。

但是，他发现同事最近越来越苛刻了。比如上周末，本来自己约了朋友爬山，但同事硬是塞给自己材料，他不得不放弃爬山的计划，去办公室加班帮同事完成工作。而今天，同事又要自己帮他做材料，而自己周末是有安排的。

他思考了很久，也犹豫了很久，他决定拒绝。

"对不起，我周末约了朋友去爬山，不能帮你。"

"什么？"同事显然有些惊讶。"你上次犯了错误，要不是我帮你指出了，你死定了。"同事张口就来。

"那件事谢谢你。"尽管对方的话让小李感到焦虑和压力，但他还是努力保持情绪稳定。

"你不知道上次那件事有多重要，领导要是看到错误的数字，后果会有多严重？"同事显然还在制造焦虑。

小李深吸了口气，努力用平稳的语气说："那件事真的谢谢您！"

看见自己的策略没有奏效，同事再度施加压力："你这种不知道感恩的年轻人，帮我做点工作这么难吗？以后我怎么帮你进步？"

显然，对方改变了策略，采取了带有一定威胁的策略。

"非常感谢您上次的帮助。"小李依然用同样的内容回复。

看小李不为所动，同事突然语气缓和了下来："周末孩子要上兴趣班，如果你不帮我，真的就没有人能帮我了！"

"真的谢谢您上次的帮助。"小李最初的紧张没有了，心情出奇平静，说："我周末约了朋友。周末愉快！"说完，把材料放回同事的工位上，快步离开了。

******

给自己留出反应的时间，可以暂时逃离习惯性反应模式。但是，暂时逃离不等于问题解决，那么，在成功争取到缓和的时间之后，下一步该如何处理？

操纵者善于诱发负性情绪，比如焦虑、恐惧、内疚等。这些负性情绪会带来压力，让人感觉不舒服。很多人在面对负性情绪时，会手忙脚乱、无所适从，而这些情绪反应很可能让人失去理智，习惯性做出顺从行为。因此，要抵抗他人的影响，就要学会应对消极情绪，忍受适度的消极情绪。

焦虑

焦虑是我们对自己或亲人的安全、前途、命运等过度担忧而产生的烦躁情绪。它常常伴随紧张、焦急、不安、挂念、忧虑等。它通常与我们对未来某些难以预测、难以应付的事件有关。因此，焦虑可能导致连锁反应，让人觉得紧张、有压力，一时不知如何应对。

那些尝试操纵、欺骗、PUA或者洗脑的人，会通过触碰受害者的安全按钮（如错过升职加薪、失去现有优势等），或者激发自我怀疑

（如"你只有这样才能做好""离开我的支持你什么都不是"）等触发焦虑情绪。他们会用一些似是而非的语言描绘不按照他们所指的路径行事可能引发的严重后果。比如，如果不这么做会影响家庭关系，会影响事业发展，等等。语言越是模糊、似是而非，就越能诱发不确定感，诱发对后果的担心。

打击自尊也是常用的诱发焦虑的策略。比如，刻意将你的缺点与他人的优点放在一起对比。"和某某对比，在这个方面你比他差多了。""上几次你做的都很差，还不是我帮了你才平息。"他们会无限放大缺点，通过夸大与他人的对比，来拉低受害者的自尊。

恐惧

与焦虑相比，恐惧的结果更为具体。如果诱发焦虑的策略不奏效，操纵者就会加码，升级为恐吓。恐惧是面临某种危险情境时，企图摆脱又感觉无能为力而产生的强烈惊吓情绪反应。人在面临恐惧这种强烈的负性情绪时，思维和高级认知处于停滞状态，难以进行复杂思考，失去对当前情境的认知能力、判断能力等。

恐惧能诱发我们的习惯性反应，促使我们采用简单的习惯性反应模式应对外界刺激。因此，操纵者会刻意唤起恐惧情绪迫使受害者服从他们的要求。

有各种各样的恐惧，比如被孤立的恐惧、被拒绝的恐惧，以及失去现有职位、名誉的恐惧等。因此，制造恐惧是常用的操纵手段。

利用恐惧这种负性情绪很容易塑造人的习惯性反应。多次经历恐惧情绪将使人自动顺从。1920 年，由约翰·布罗德斯·华生（John Broadus Watson）和他的助手在约翰霍普金斯大学进行的"小阿尔伯特实验"就证明了这一点，华生甚至声称"给我一个婴儿，我可以把他培养成任何人"。

在实验中，华生找来了 11 个月大的婴儿小阿尔伯特作为实验对象。实验者给小阿尔伯特一只白鼠，阿尔伯特并不对小白鼠感到恐惧。但是，他们在小阿尔伯特接触白鼠时用铁锤敲击铁棒，制造刺耳的噪音，这噪音带来恐惧。如此反复几次后，小阿尔伯特对噪音的恐惧与小白鼠建立起了联系，因为他们同时发生，于是小阿尔伯特对小白鼠也产生了恐惧反应。他们发现，小阿尔伯特将这种恐惧泛化到了相似的物体上，他不但害怕小白鼠，还害怕其他毛茸茸的东西，包括兔子、皮草大衣甚至圣诞老人的胡子。这个实验表明，恐惧的形成非常简单，并且恐惧还会泛化。

内疚

当操纵者发现来硬的不行，就会转而利用道德绑架的策略。这一策略是制造内疚。

内疚是让一个人感到惭愧而不安的情绪，内疚是人"良心"的情绪内核，体现我们要照顾他人的利益和感受的道德要求。它也是人际关系的重要调节剂，有利于个体适应社会生活。正是因为内疚体现的是照顾他人利益和感受的道德要求，它反而成为施加影响和操纵的突破口。 操纵者会利用这一脆弱之处，以"责任"的名义迫使受害者顺从。

比如，他们会展示不顺从他们的要求会导致他们有多么悲惨，制造一种一切都是你的责任的假象。 他们会绘声绘色地表演各种消极情绪、采取各种消极行为，比如哭泣、自我伤害等。 他们也会抱怨自己没有能力处理或面对目前的问题，而这一切都是因为你不帮他。就因为你没有顺从他们的期望和要求，才导致他们这么痛苦和悲惨。

每个人都有自己脆弱的一面，容易在某些方面对他人所受伤害产生共情。 操纵者善于发现人的脆弱点，让人产生内疚感，进而影响受害者的行为。 这个时候，他们甚至不用主动提出要求，受害者就会主动满足他们。

******

那么，如何应对这些负性情绪，提高抵御操纵的能力？

首先，学会与负性情绪共存。 人们通常无法忍受负性情绪，它们引起的身体反应和生理反应让人感觉难受。 因此，通常人们会想要尽快消除负性情绪，但这么做，恰恰让对方达到了目的。

积极心理学家、哈佛大学教授泰勒·本·沙哈尔（Tal Ben-Sha-har）说："我们要允许负性情绪存在。"产生负性情绪是十分正常，我们每天都会遇到。 当情绪变得糟糕的时候，我们要做的不是对抗和逃避，而是允许坏情绪存在。 情绪就像天气一样，变幻莫测，坏情绪就是坏天气，但请坚信一定会雨过天晴。 我们要调整自己的认知，接受坏情绪也是自己的一部分。

我们要学习的不是逃避，不是恐惧，在人际关系中不要习惯性服从对方的要求，而是要告诉自己，这些不好的体验，是日常的一部分。 因此，当面对他人刻意施加的负性情绪，即便不能安抚自己的焦虑、恐惧和内疚，也要清楚负性情绪只会带来暂时的不舒服，是能容忍的，你不会因此而崩溃。

心理学上有个词叫"习惯化"，它是指新异刺激（比如负性情绪）反复出现，会引起我们反应减弱。 同样的道理，如果我们经常暴露在负性情绪中，其引起的不适应感觉就会降低。 我们常说一个人"抗压能力强"，很重要的原因是多次经历压力会增加对压力的适应能力。 面对他人施加的压力也是，我们要习惯它，逐渐适应它。

在训练自己忍受负性情绪的同时，要学会调节情绪。 在心理学上，情绪调节策略主要分为两类：认知重评（改变对情绪事件的理解和评价进行情绪调节）和表达抑制（调动自我控制能力，抑制自己的情绪表达）。 整体上来说，认知重评能够产生积极的情感和社会互动结果，不需要耗费许多认知资源，是一种有益的情绪调节方式。 认知重评试图采取一种更加积极的方式来理解那些使人产生挫败、生气、厌恶等消极情绪的事情。

我们对某些事情感到愤怒、伤心和痛苦，实际上是基于自己的经验和经历去评判事件，而没有完整客观地了解事情的全貌。这些情绪来源于我们的解读，人总是本能地认为自己是受害者。不良情绪来袭时，如果我们能够静下心来，放下自己的评判和猜疑，客观地、全局地看人看事，就会理性地看到事情的全貌。

因此，面对操纵者施加的负性情绪，不必慌张，不要因此做出过度反应，而是对其重新定义，比如认为这是自己成长路上必经的考验，将它们定义成为了实现目标必须克服的困难。要告诉自己，不顺从操纵者的要求不会怎样，这个世界不会因为自己的不顺从而变坏。

我们要学会直面负性情绪、控制负性情绪，可以将焦虑、恐惧和内疚的心理描述出来，描述它、接受它、克服它。

我们也可以选择转移负性情绪。当自己意识到负性情绪难以控制的时候，尝试让自己转移注意力，做一些能缓解负性情绪的事，而不是让自己持续沉溺其中。人在神经紧张、过分警觉的状态下容易对周围环境和发生的事产生错误的感知。转移注意力、尝试新的兴趣爱好，有助于缓解负性情绪。

一些简单的策略，如"深呼吸+自我暗示"，即可平静情绪，深深地、缓缓地吸气，并想象正性的、平静的能量随着吸气进入身体；接着，深深地、缓缓地吐气，并想象负性情绪从我们的嘴巴吐了出去。这一过程伴随着上半身大肌肉群的收缩与放松。在一次深吸气后，双手用力握拳、双臂夹紧胸部肌肉，保持这个紧绷的状态 10~15 秒，然后突然放松，手臂快速往外扬，同时吐气。 这个"紧绷—放松"的过程让身体更容易释放内啡肽，产生较好的放松效果。

事后自我肯定也有效果。 当依靠自身的努力成功调整了负性情绪，成功阻止了负性情绪的影响之后，一定要给自己一个大大的自我肯定。 比如，"我太了不起了！ 我学会及时调整负性情绪了，从中可以更快速地抽离出来，还做了有意义的事，我朝着改善的方向取得了明显的进步！"

这种及时的自我肯定有助于收获成就感，形成良性循环，出现焦虑、低落情绪的频率会逐渐降低，即使出现了，我们也不会那么慌了。

经过一段时间的训练，我们能够越来越容易地从负性情绪中抽离出来，形成新的、积极的条件反射。 再次出现明显的负性情绪，我们就能自动地自我调整、化解，更快地恢复积极的情绪和心态！

告诉对方你知道他的目的和手段

前面我们介绍了给自己留出反应的时间和学会直面负性情绪的策略，这些策略让我们暂时脱离被操纵，找回自己的节奏和主动权。但是，这些策略都只是暂时让对方停止操纵行为，不能从根本上解决问题。 因为对方即便这次没有成功，仍然会寻找机会、故伎重演，施加压力，实施操纵。

因此，要主动出击才能从根本上解决问题。让企图操纵你的人意识到你已经看透他的行为，并且了解他行为的目的，才能让他彻底放手。

******

策略一：说出对方的目的，直接告诉对方

能够清晰而直接地指出对方的行为是操纵、PUA、欺骗或洗脑，就表示你已经成功地揭露了对方隐藏起来的目的，表明你已经识破了对方的企图。

操纵者总是试图扭曲他人的认知，这是为了掩盖其操纵的事实。因此，一旦你告诉他你识破了他的伎俩，也就扭转了这段关系中的强弱势。

因此，直接清晰地描述对方正在做什么、他的目的是什么，你就已经向操纵行为发起了第一波挑战。你已经在扰乱对方的行动节奏，并最终为阻止对方的操纵行为提供了非常好的开端。很多操纵者在目标被揭露后都会选择退缩，仿佛只要伎俩被识破，施加影响的自信就会像被戳破的气球一样瞬间干瘪下去。只要对方的气势被打压下去，你就获得了这段关系的主动权。

人在做坏事的时候仍能理直气壮，很重要的原因是他认为对方没能识破自己的阴谋。因此，当你以平静的语气告诉对方他的行为目的时，你就已经让对方感受到了压力。 他人之所以能够实施操纵，很重要的原因是你的反应配合了他，让他发现操纵是有效的，是能够达到目的的。 如果你不给予他们这样的奖赏，不令他们的目的达成，不像他们希望的那样去做，就打破了对方的幻想。 不但如此，你不仅不按照他们期望的模式反应，甚至告诉他们你已经知道了他们的目的，让他们怀疑自己。

大多数受害者在长期被操纵之后，会产生习得性无助。 他们内化了操纵者的责备和否定，他们不相信自己可以改变。"积极心理学之父"马丁·塞利格曼（Martin Seligman）刚开始研究的并不是"积极"心理学，而是"消极"心理学。 在 1967 年的实验中，他发现如果把狗关在笼子里，然后给狗施加电击，狗会拼命尝试逃跑；但是铁笼子让它无法逃脱。 经过多次重复之后，就算打开笼门，狗也不会逃跑。 它只是倒地呻吟，绝望地等待痛苦的来临。 不但狗如此，人也是如此。 他把这种现象称为"习得性无助"。 而当你识别出对方的操纵行为，并且清楚地描述出来时，你就已经在向这种习得性无助发出挑战。

如何指出对方的操纵行为？ 可以采取哈丽雅特·布瑞克（Harriet Braiker）提出的"ABCD 公式"[①]，其策略如下。

---

① 哈丽雅特·B·布瑞克：《操纵心理学：争夺人生的主导权》，李璐译，民主与建设出版社，2020。

A：当你做……（描述施加影响的人的行为）。

B：我感觉……（描述自己的感觉）。

C：如果你能够……（停止施加影响，或者改变行为）。

D：我就会觉得……（你希望的体验）。

我们举一个例子。

A：当你不断用带有威胁的话强迫我做这份工作时。

B：我感觉很焦虑，压力很大。

C：如果你能够不再用威胁性语气，而是正常地说出你的要求。

D：我才会感到被尊重。

"ABCD 公式"的优势在于没有直接点破对方的操纵行为，但是在交流过程中让对方意识到你已经觉察到操纵，并且希望对方停止操纵。另外，在使用"ABCD 公式"时，全程没有指责对方（尽管我们说对方应该为你的坏心情负责），因此对方更容易接受。

如果对方在你指出他的行为给你带来负性情绪后仍然不改变，那么，我们就需要更直接地点破他的根本目的或使用的手段了。

******

策略二：说出对方使用的手段

这时候，我们不能再消极防御了，要努力主动解决问题。我们要用平静的语气告诉那些尝试操纵的人：你的这些手段对我不奏效。

通用公式是：我知道你想要我……（对方目的），但是你的……（具体手段）不会再有用了。

依据场景不同，可以变成：我知道你希望我……（对方目的），但是你的……（具体手段）不会让我就范。

你的回答可能如下：我知道你想让我无条件听从你的安排，但是你的贬低和咒骂是不可能成功的。我知道你希望我成为你期望的那种人，但是你的威胁不会让我就范的。

通过这样的回答，你告诉了操纵者你知道他在做什么，并且知道他尝试用什么手段达到目的。你否定了他，告诉他你会对他的手段有什么反应（不会有用）。操纵者的手段已经无法让你服从了。

拆解这个公式。我们发现其核心是点出操纵者的目的及手段。目的我们在上一个策略中提及过，通常比较明显，不外是听从操纵者的安排、服从他的要求等。即便你没有一下子准确点明对方的目的也不要紧，只需要差不多地描述一下对方正在做的事情即可，真正重要的是，你要指出对方的手段。

通常来说，对方的手段比较多变，因此要相对准确地表达需要有所准备。前面我们详细介绍了通过负性情绪来制造压力的策略，我们将手段主要分为以下几种。

制造恐惧类，包括威胁、握拳、摔东西、咒骂、叫喊等。

制造焦虑类，包括批评、面露不悦和愤怒的表情、忽视等。

制造内疚类，沉默、叹气、生闷气、哭泣等。

只要稍加留心，你就能非常容易地看清对方所用的手段。 当你在这一过程中保持清醒，就像在看一场拙劣的表演。 此时，你已经能够掌握这段关系的主动权了。

做到这一点，需要在日常生活中不断模拟练习。 比如，看到电视剧中的人物以及新闻中出现的被欺骗、操纵的例子，可以带入自己，想象一下如果自己是受害者该如何识别、如何应对，如何从这段关系中脱离出来。 通过具体的例子反复练习，总结经验，提升自己的应变能力。

当我们经过一些训练，做好了准备之后，再次面临类似问题时，便能迅速且恰当地做出回应。

重新给自己赋权

记住，在所有的人际关系中，对方愿意接受更健康、更平等的关系，愿意修正以前的行为，不是因为对方的怜悯，而是你展现了力量，展现了对这段关系的把控力。

通过前面的策略，我们已经能够抵抗他人的影响了，也能够初步建立相对正常的人际关系，重建人际关系中的权力平衡。 在此基础上，我们要进一步巩固成果，通过逐步设置边界，维持平衡的人际关系。

为了防止他人再次实施操纵，彻底熄灭对方的企图，需要逐步设置边界，让对方知道有些界限不能打破。 这一步会真正让对方死心，放弃操纵你。

向对方公布"宣言"

明确告诉对方你愿意和不愿意做什么。告诉对方未来你要自己决定，自己做出选择，对方不得插手，不再允许被对方伤害。还要告诉对方你欣赏的相处方式，未来的相处必须建立在相互尊重的基础之上，未来的对话也要建立在平等的基础之上。

设定清晰的边界，并告诉对方不得逾越。告诉对方你不能再接受对方的操纵手段（手段的描述上可以具体一点），并表示不再允许对方尝试应用这些策略，否则后果自负。

如果是情侣关系，可以告诉对方自己的行为、需求、价值或许与对方存在差异，但那是个人偏好，它们不是坏的，更不是错误的，而是每个人在需求、价值观上的差异，对方要么接受这种差异，要么离开。

当然，面对你的"宣言"，对方不一定会很容易地答应。但是，通过这一策略，你展示了自身的力量，展示了自己抵抗操纵的决心。你可能会为自己的"宣言"感到忐忑，担心自己这么做是否合适。请你一定不要因为忐忑和担心退缩，不要让尝试操纵你的人感到仍然有机会。

很多时候，当你公布"宣言"的时候，对方会认为你只是做做样子，或者认为他给你的压力不够大。他们通常采用的措施是施加更大的压力和更多的胁迫，直到你无法承受而选择顺从。这个时候一定不能退缩，要通过不断强调你的诉求，应用多种手段抵抗对方的压力。一旦你真正过了这一关，对方往往会主动退缩。

如果对方不接受你的"宣言"，并且尝试对你施加压力，但在发现你依然没有顺从之后仍然不愿意改变自己。那么至少表明对方维持这段关系的唯一目的就是对你实施操纵、欺骗、PUA或洗脑。好处是，通过这种测试认清了对方的真实面目，大胆逃离这份关系是最好的选择。

更多的情况是，尽管对方愿意改变自己的行为，但仍然不放弃继续控制你的意愿。这时候就要看你对这段关系的理解了。你可以选择逃离这段关系，也可以进一步跟对方明确你的"宣言"，给他改变自己认知和行为的机会。但是，一定要给对方画一条红线，告诉对方如果再次发现他运用某些策略后果将会很严重。

从小事开始,重新给自己赋权

很多人可能不习惯自己做决定，他们或者缺乏自己做决定的经历，或者对自己的决定不自信。正是因为这样，他们很容易成为他人操纵的对象。对这部分群体来说，他们要努力重点培养自己的决策能力。

"不再有能力为自己做决定"是受害者最显著的特点之一。他们或者放弃自己决定的权力，或者在人际关系中失去了决定的自信，进而导致不再相信自己，只能完全依赖操纵者。因此，当意识到自己的处境之后，需要重新赋予自己做决定的权力。即便暂时还无法去除"我不行"的心理，也要试着先从很小的事情开始做决定、做选择，比如午餐吃什么、穿什么出门、与什么人联络等。

在这个过程中，不要再去思考对方口中的"对"与"错"、"好"与"坏"，相信自己的直觉，它会成为一种保护你的力量。在每一次自己做出决定并且没有发生对方口中的坏事，甚至获得了好的结果时，你就能慢慢重新累积起对自己的信心和力量。

找回社会支持系统

无论对方尝试对你进行哪种影响，包括操纵、欺骗、PUA或者洗脑，他们都会迫使你与原有的环境隔离，破坏你的社会支持系统，最终让你只能依赖于他一个人（或群体），这个时候他们更容易实现自己的目的。

相反，不进行"隔离"，操纵几乎很难有效果。这也意味着，来自朋友、家人，以及所有爱你、关心你的人的支持，是帮你离开操纵关系的最重要的保护性因素。因此，你要尝试找回自身的社会支持系统，找回原有属于自己的社会交际网络。

也许你与爱你的人已经几乎失联，甚至因为某些原因和他们处在一个尴尬的局面里，不要犹豫，大胆地去重新联系他们，去化解矛盾，把你的处境告诉他们，寻求他们的帮助。不用担心对方会"记仇"，在大多数情况下，他们会欣然接纳你，会帮你走出现在的困境。

这样做不仅能获得勇气与支持，更能让你重新接触操纵者之外的信息源。一旦真正找回自己的社会支持系统，操纵者的"隔离"就会进一步受挫，他的影响必将大打折扣。而这正好为你找回自我、改变或者摆脱这段关系制造了良机。

改变认知，防患于未然

通过自己摆脱被操纵和利用是一件了不起的事，这时候最重要的是要更深层次地反思和改变自己的认知，以免再次落入操纵的陷阱。

网上有个词语"吸渣体质"，指的是一些青年男女在感情生活中似乎遭受了咒语一般，总是遇到不如意的对象，每一段恋情都不靠谱、无法长久，甚至反复遭遇背叛。在外人看来，他们条件优越，面对感情真诚而深情，却总是成为受伤的一方。

有人甚至开玩笑说"谁这辈子不遇到几个渣男/渣女，就别说自己谈过恋爱"。但是，究竟是眼光不好、运气不好，还是有一些心理上的弱点，才总是遇到渣人？

如果一个人频繁遇到坏人，或者只遇到坏人，那么就一定要想想自己到底有哪些行为和弱点容易被盯上，成为坏人的猎物。

以爱情为例，容易"吸渣"的特征主要有以下几个方面。

自卑，认为自己配不上爱情。自卑导致一个人认为自己很多方面不好，生怕自己配不上遇见的人。因此，他们更愿意在关系中做出一些牺牲来换取对方的好感。但是，恰恰是这种付出精神使他们更容易吸引那些有其他目的的人。因为控制、欺骗有这种思维的人太简单了。渣男/渣女追求的是凌驾于对方之上的关系，而优质伴侣需要的是平等关系。

讨好型人格。在亲密关系中总想为对方付出更多，以获取对方的好感，甚至不惜降低自尊和原则，这种人很容易遇到渣男/渣女。渣男/渣女很看重在亲密关系中能收获多少好处，无条件付出刚好是他们所需要的。

生活里不能缺少爱情。有些人无法忍受一个人的生活，他们必须在生活中填满恋爱。在这样的想法之下，吸引来的往往都是操纵型的渣男/渣女，不仅主导他们的生活，还操纵他们的情绪。

归根结底，这些人"吸渣"的原因就是他们为了感情可以无条件付出，为了获得对方的好感可以降低自己的自尊和原则。他们不能理解感情是要建立在平等和互相尊重的基础之上的，一味付出不能换来他人的尊重。

因此，要改变自己的认知，要好好爱自己，对待自己。只有对自己足够好，才会认为自己值得更好的人。想要远离渣男/渣女，靠的永远不是躲避，而是做一个拥有慧眼且气场强大的人。唯有如此，才能让对方不敢靠近。要让他们知道，你拥有的已经很多了，他们的那些伎俩无法改变你原有的认知，这样一来，你在他们眼里就失去了价值。

******

预防被他人利用的核心是将自己打造成具有独立人格和坚定信念的个体，让那些尝试利用你的人在接触你后感到难以控制你，直接放弃操纵你的念头。 要成为一个具有独立人格和坚定信念的个体，需要不断反思和修正自己的认知，为自己充实思想武器。

依赖他人、不自信的重要原因是自我挫败的思维模式，对自己的判断和思维缺乏信心。 堕入习得性无助的恶性循环会让认格外脆弱，容易被人乘虚而入。 习得性无助会像病毒一样，入侵和破坏人的意志力。

如何改变认知？ 具体可以分为三个步骤：写下自己的想法，反思自己的想法，逐一修正错误的观念和行为。

步骤一：写下自己的想法

找一个安静的不受打扰的时间和地点，在一张白纸或者笔记本上写下你对自己、他人和人际关系的真实想法。 这些内容只给自己看，所以一定不要掩盖自己的真实想法。 你也不需要考虑修辞和文笔，越简单直白越好。

尽管这一步看上去很无聊，和治疗无关。 但是，心理学实践表明，即便只是写下自己的想法，特别是那种真实而无修饰的想法，就能启动一个人改变这一想法的过程。 在日常生活中，我们会产生很多念头，一闪而逝，我们很少专门记录它们。 记录想法这个过程本身就需要我们对这一心理活动进行有意识的审视，而我们审视问题就是改变的征兆。

尽快写下自己对生活中发生的事的想法。 这一过程不但可以防止我们的记忆将这段经历重新编码，导致记忆出现偏差，也可以让我们在未来某个时间点准确地回顾和反思这一感觉。 因为感觉是瞬息万变的，事件刚发生时的感觉和一天之后的感觉可能有天壤之别，发生之时就记录下来才能在将来更好地重现。

步骤二：反思自己的想法

写下自己的想法之后，下一步是努力找出思维和态度中的薄弱和偏颇之处，特别是哪些可能是让他人能够对你实施操纵的关键切入点。

归纳已有的研究，一个容易被他人影响的人具有的行为和心理特点主要表现在以下七个方面，这七个方面可以作为反思自己思维的提示和线索。

1. 取悦他人的倾向。 取悦他人的人通常表现为以他人的需求、期望为核心调整自己的行为，他们努力让他人开心，害怕拒绝他人，害怕拒绝会让他人失望等。 具有取悦他人倾向的人会为了他人的需求牺牲自己的利益，而为了做好人而付出巨大的牺牲，只会被操纵者利用。

2. 逃避他人的批评与拒绝，过度依赖他人的肯定与接纳。 表现为希望得到他人的肯定和喜爱，自尊很大程度上取决于他人的肯定，而受到他人的批评和拒绝会非常失落。 尽管每个人都想获得他人的肯定和接纳，但是如果一个人过度依赖他人的肯定，则很容易被他人利用。 比如，先给予肯定和接纳，然后以此为要挟，要求顺从。

3. 恐惧、回避与他人正面对抗。 表现为不惜一切代价避免与他人正面对抗，这样的人很容易被他人的怒气吓到，并认为都是自己的错。 具有这一特征的人很容易被他人利用，只需要制造愤怒和冲突就会让具有这一特征的人乖乖就范。

4. 不会说"不"。 表现为不会拒绝别人，会因为自己的拒绝而紧张、内疚，担心自己的拒绝会引起对方的愤怒，进而导致冲突。甚至说"不"会本能地产生内疚，认为让别人失望是很自私的做法。但是，无法拒绝他人的要求，就会很容易被他人利用，为他人实施操纵开启方便之门。

5. 对自我缺乏清晰的认识。 表现为不确定自己的核心需求是什么，不能清晰区隔自己的行为和他人的要求。 他们感觉生活就是满足他人的需求，反而对自己的需求缺乏清晰的认识。 此类人十分容易成为被操纵、利用的对象，他们容易在"缺乏自我意识—被利用—进一步破坏自我意识"的循环中越陷越深。

6. 低自信。 表现为对自己的选择和决定缺乏信心，更倾向于依赖他人的判断。 没有他人的建议，自己很难做出决定。 由于无法依靠自己的判断引导决策，必然会倾向于依赖他人的指引，因此极有可能成为被他人影响和利用的对象。

7. 外控型人格。外控型人格的人会认为发生在自己身上的事更多是由他人引起的，而不是自己导致的。与其相反的是内控型人格。外控型人格的人认为世界掌握在他人手中，发生在自己身上的事更多取决于运气、机遇等，相信外部其他人比自己拥有更大的影响力，因此很容易将自己的决策权交给他人。

在反思自己的想法时可以参考以上七个方面，可以将这一纲目性内容进一步细化，结合自己的具体情形进行深入分析，找到自己的弱点，有针对性地进行纠正。

步骤三：逐一修正错误的观念和行为

一旦发现了自己行为和心理上的弱点，就要用"显眼"的方式把它们标示出来。比如，打印出来贴在电脑前、作为手机屏保等，随时提醒自己，以防止弱点被利用。

最后一步是塑造更加健康的行为模式，修正错误的认知。充实思想武器，对那些潜在的操纵者形成威慑，让他们不敢下手。

1. 纠正取悦他人的倾向。放弃使用"应该"这类词语，它对思维具有胁迫作用。这个世界上没有那么多应该，要多使用"选择"这个词，因为"应该"是僵化的，自己无法把控，而"选择"的主动权在我们。

比如，"当我选择帮助他人时，我希望他们感谢我""我希望其他人是喜欢我这个人，而不是喜欢我为他们做的事"。

2. 纠正依赖他人肯定的思维。 一个人想要一直获得所有人的肯定是不现实的，不必强迫自己去做不可能的事。 尽管获得肯定能够带来愉快的心情和正面的情绪，但不能让他人的肯定和否定左右你的情绪，也不能将人生的价值放在追求他人的肯定上。

比如，"我喜欢获得他人的肯定与接纳，但他们不是我快乐的唯一源泉""我的价值取决于我对自己生活方式的认同，而不是他人的肯定"。

3. 不要害怕与他人正面冲突与对抗。 人与人之间，特别是在亲密关系中，一定程度的冲突是难以避免的。 不要回避冲突，建设性的冲突有利于解决问题，且可以避免未来出现类似的冲突。 因此，学会以建设性的方式应对冲突和对抗是十分必要的。

比如，"尽管我确实不喜欢与你发生冲突，但是我不会为了避免它而选择向不合理的要求屈服"。

4. 大胆说不！ 你的价值不取决于你为他人做的事，说"不"不会削弱你在他人眼中的价值，反而是一种自信的体现。 如果感觉拒绝别人会让自己感到内疚和不安，那么就被"应该"的逻辑绑架了。纠正思维，依据具体情境有选择地说"不"，这样才能保护自己。

比如，"我没有责任和义务满足所有人的需求""我要坚定地学会说'不'，保护自己免受他人的利用"。

5. 建立清晰的自我认知。 建立并维持清晰的自我认知，是我们认识自己和他人真正需求的核心。 可以通过一系列自我反思来定义"我是谁"，包括但不局限于"我如何看待自己？""我的核心价值是什么？""我的梦想与目标是什么？""我的个人边界在哪里？"这些问题有助于我们厘清自己的真正需求。

比如，"想要其他人尊重我，就必须说清楚自己的边界""我有自己的需求，不是只想着如何让他人开心"。

6. 增强自信。 每个人在决策的过程中都可能会经历不安和焦虑，询问所有人并不一定能够降低犯错的概率，反而让人更加难以决策。 询问他人让他人帮忙做出选择，并不能使决策最符合你的利益。 因为，真正的喜好只有自己最清楚。 因此，不用担心自己决策会犯错，只有不断练习，才能越来越善于决策。

比如，"任何事情，我可以听从他人的意见，但最终决定权不是少数服从多数，而是我自己的判断"。

7. 纠正外控型人格。 不改变外控型人格，就可能永远会陷在受害者幻想中。 如果不改变这种思维，即便暂时逃离了操纵者，也会被其他操纵者盯上。 因此，要改变自己的行为和认知，要相信自己才是生活的主角，着眼于日常生活中自己能控制的事，慢慢培养自己对事物的把控能力。

比如，"虽然运气会影响结果，但是最根本的原因还是我的选择和努力，它们才是我抓住机会、真正走向成功的核心"。

结束语
让我们行动起来

网络上有一句流行语："听过那么多大道理，却依然过不好这一生"。

这句话一度引起很多人的共鸣。

但是，这句话混淆了一个概念，"听过道理"和"过好这一生"二者不是对等的，它们中间跳过了"应用"，或者叫"实践"。就像我们即使知道了游泳的所有知识和技巧，如果不下水去练习，也不可能真正学会游泳。知识只有去实践才能变成经验，否则它只是信息。

同样，对本书提到的所有建议和技巧，请不要停留在简单的"看过"阶段。即便记住了所有的知识点，它们仍然只是"道理"，不会转化为行动的一部分。要将知识内化为自己行为和经验的一部分，需要不断去实践、去应用。

行动起来吧！这样才能把生活的主动权牢牢把控在自己手里！

图书在版编目（CIP）数据

心理的暗面：摆脱有毒关系，主导自我人生／董光
恒著. -- 北京：社会科学文献出版社，2024.9（2025.1 重印）.
ISBN 978-7-5228-4075-8

Ⅰ.B84

中国国家版本馆 CIP 数据核字第 20246CP651 号

心理的暗面：摆脱有毒关系，主导自我人生

著　　者／董光恒

出 版 人／冀祥德
组稿编辑／任文武
责任编辑／方　丽
责任印制／王京美

出　　版／社会科学文献出版社·生态文明分社（010）59367143
　　　　　地址：北京市北三环中路甲 29 号院华龙大厦
　　　　　邮编：100029
　　　　　网址：www.ssap.com.cn
发　　行／社会科学文献出版社（010）59367028
印　　装／唐山玺诚印务有限公司

规　　格／开　本：889mm×1194mm　1/32
　　　　　印　张：7　字　数：148 千字
版　　次／2024 年 9 月第 1 版　2025 年 1 月第 2 次印刷
书　　号／ISBN 978-7-5228-4075-8
定　　价／68.00 元

读者服务电话：4008918866